Mathias Wais

Herrn Preindls Sterbe-Etüden

Eine Ermutigung

ISBN 978-3-932161-83-4

© 2015 GESUNDHEITSPFLEGE initiativ
gemeinnützige Bildungsgesellschaft mbH
Hölderlinweg 31, D-73730 Esslingen
http://www.gesundheitspflege.de

Alle Rechte vorbehalten.

Umschlaggestaltung, Satz: PRmed-Consulting, Esslingen
Coverfoto: © Eddi Laumanns
(Clown David Shiner - Circus Roncalli 1984)
Druck: Druckerei Steinmeier, Deiningen

Gedruckt auf umweltfreundlichem, chlorfrei gebleichtem Papier.
Printed in Germany.

INHALT

Einstimmung 7

Die Etüden:

1. Siebenkommafünf 13
2. Sonnenuntergänge 21
3. Café zum Tod 33
4. Was kommt danach, Godsche? 45
5. Frau Preindls Unterweisung 53
6. Dr. Clown 59
7. Leuchtend schwarze Haare 67
8. Frau Sedlaczek und der Sinn des Lebens 77
9. Herrn Preindls Beerdigungen 85
10. Letzte Tage 95
11. Ankunft der Barke 101
12. Bitte keine Frau Ungestrüp mehr 107
13. Herr Preindl kündigt Gott 115
14. Sterbehilfe 121
15. Eine Geburt 127
16. Anruf bei Frau Brosch 131
17. Ein Verhandlungsversuch 139
18. Auch Herr Tilbi lebt sich ins Sterben ein
– nur anders 145
19. Die Zustimmung 151
20. Ein Fest 161

Dank 171

Einstimmung

Morgen also der Arzttermin .... So beginnen die Aufzeichnungen eines gewissen Herrn Preindl, die hier ohne weitere Bearbeitung vorgelegt werden. Es sind Phantasien, Szenarien über die Endphase des eigenen Lebens, ausgelöst offenbar von einem bevorstehenden Arzttermin. Unversehens entwickeln sich in ihm wie in einem Kopfkino erste Gedanken und Bilder, Szenen des eigenen Sterbens. Dies an einem letzten Urlaubstag, als er entspannt und erholt, eigentlich aufgeräumter Stimmung, an einem Strand der Ostsee in der Sonne liegt. Wahrscheinlich ganz ungezielt sinnierend fällt ihm mit Mal ein, dass er am nächsten Morgen einen Arzttermin hat, in dem die Ergebnisse einer Reihe von Untersuchungen besprochen werden sollen. Herr Preindl deutet es nur an, dass Anlass der Diagnostik erhebliche Kopfschmerzen mit gelegentlich auftretenden Doppelbildern gewesen sind. Von da an scheint seine Phantasietätigkeit ein Eigenleben zu entwickeln und es entstehen, offenbar in rascher Folge, in seinem Kopf Szenen über die Frage *Was machst du, wenn du erfährst, dass du noch ein halbes Jahr zu leben hast?*

Wir erfahren nicht, was der Arzttermin tatsächlich erbracht hat. Jedenfalls aber scheint diese Ausgangsfrage Herrn Preindl derart in Beschlag genommen zu haben, dass er von da an wieder und wieder immer neue und sehr unterschiedliche, z.T. auch sich widersprechende Varianten des möglichen Erlebens und Gestaltens des Lebensendes entwickelt hat. Sporadisch erfahren wir, aus welchem Anlass eine Phantasie entstanden ist, meist aber bleibt das offen.

Die Phantasien erzählen keine Krankengeschichte, nicht die Chronolgie eines Lebensendes. Sie setzen vielmehr jeweils an ganz unterschiedlichen Momenten einer denkbaren Krankengeschichte an. Mal ist er sterbend im Krankenhaus, in einer späteren Phantasie, noch arbeitend, unterwegs und besucht Friedhöfe. Manchmal entwickelt sich innerhalb einer Phantasie eine weitere. Verwirrend wäre das nur, wenn man es für Realität halten sollte, für einen Bericht. Das ist aber nicht der Fall. Vielmehr: Herr Preindl variiert in unsystematischer Weise Möglichkeiten und denkbare Stadien eines nahen Endes.

Preindl selbst formuliert es nur am Rande, was die allen diesen Sterbeszenarien unterliegende Frage ist: Kann man die eigene Endzeit, das eigene Sterben *üben?* Kann man, etwa wie ein Hochleistungssportler, mental einüben, wie eine extreme Herausforderung, eine Grenzsituation zu bewältigen ist? Ist auch diese letzte Phase der eigenen Biographie gestaltbar? Kann man entscheiden, wählen gar, wie man stirbt? Lähmt nicht die Unausweichlichkeit jede Freiheitsmöglichkeit des Denkens und Handelns?

Wir wissen nicht, wie unser Leben einst zu Ende gehen wird. Möglicherweise gibt es auf Grund von schwerer Krankheit und körperlichen oder auch geistigen Einschränkungen überhaupt keine Freiheitsgrade mehr. Vielleicht werden wir aber auch bis zuletzt bei klarem Bewusstsein und, wenn möglicherweise auch nicht mehr physisch handlungsfähig, so doch gedankenfähig sein. In beiden Fällen könnte es sinnvoll sein, sich schon vorher Gedanken und Bilder dazu gemacht zu haben, um Würde und Selbstbestimmtheit bis zum Schluss zu bewahren. Und wenn dies von dem Moribunden selbst nicht mehr aufrechterhalten werden kann, nicht mehr gelebt werden kann, so für ihn durch seine Umgebung, seine Angehörigen vor allem. Auch diese haben eine Wahl, wie sie mit dem Nächsten umgehen, der sein nahes Ende vor Augen hat, und wie sie sich zu ihm, zum Sterben überhaupt stellen.

Hat man als Sterbender also eine Wahl? Man kann Sterben sicherlich nicht wirklich üben. Aber wenn es soweit ist, *kann man geübt haben.* Auch noch die Endphase fragt nach der Selbstverwirklichung und der Selbstbestimmung.

Wie um dies für sich deutlich herauszuarbeiten, bringt Herr Preindl auch Varianten der Fremdbestimmung des Sterbens zu Papier, Szenarien, in denen ihm das Sterben aus der Hand genommen, in denen er des eigenen Sterbens enteignet werden könnte.

So mögen diese Niederschriften für Leserinnen und Leser eine Anregung und Ermutigung sein, sich auch mit dem möglichen Ende des eigenen Lebens vorsorglich zu befassen. Man kann auch hierfür eine Neugier entwickeln. Solche *Sterbe-Etüden* dürften helfen, die Selbstbestimmung, ja die Freiheit des Individuums durchzutragen bis zum Ende.

Jeder wird sich hierzu andere Phantasien machen. Die hier vorgelegten Aufzeichnungen stammen von einem Mann. Es ist nicht unwahrscheinlich, dass eine Frau sich noch ganz andere Phantasien zu diesem finalen Thema bilden würde (Wie Preindl einmal schreibt: Frauen können es besser). Andererseits bleibt auch ungewiss, ob Preindls Protokolle der eigenen Phantasietätigkeit *typisch männlich* sind. Andere Männer würden sich wohl andere Szenarien bilden. Die hier vorgelegten sind inhaltlich nicht exemplarisch gemeint. Nur die Tatsache, dass man solchen Sterbe-Etüden nachgehen kann, dies erscheint beispielhaft, oder darf man sagen: vorbildhaft?

Wer hierzu weitere Anregungen sucht und sich tiefer in das Thema einlesen möchte, findet einen guten Einstieg mit solchen Klassikern wie Kurt R. Eissler: *Der sterbende Patient.*

Zur Psychologie des Todes, Elisabeth Kübler-Ross: *Interviews mit Sterbenden*, Norbert Elias: *Über die Einsamkeit der Sterbenden*, Philippe Ariès: *Geschichte des Todes* oder Sally Cline: *Frauen sterben anders*.

Es gibt Geburtsvorbereitungskurse. Warum gibt es keine Sterbevorbereitungskurse? Derzeit ist also jeder für sich – oder vielleicht in vertrauensvoller Runde – aufgerufen, seinen ganz eigenen Kurs zu gestalten.

Dass solche *Sterbe-Etüden* nicht prinzipiell traurig-tragisch oder mit Schwere behangen sein müssen, zeigen die Niederschriften von Herrn Preindl auch. Einige enthalten durchaus humorvolle bis sarkastische Töne. Anderen unterliegt freilich die Angst und die elementare Verunsicherung im Angesicht des Endes. Wieder andere Passagen wirken geradezu poetisch und wie in einem inneren Frieden aufgehoben. Die meisten aber sind sachlich-nüchtern. Herr Preindl *berichtet* dann distanziert in der dritten Person über einen Herrn Preindl; manchmal führt er ein Selbstgespräch, spricht sich mit *Preindl* an. Und hin und wieder erscheint die Ich-Form, als wäre sie ihm durchgerutscht.

Was wir diesen Aufzeichnungen über Herrn Preindls Lebensdaten und Lebenssituation entnehmen können, ist wenig und unspektakulär: Er ist verheiratet mit Katrin, hat zwei Kinder, Lara und Linus, die noch in Ausbildung sind, und einen Hund namens Rudi. Er selbst ist, jedenfalls zu Beginn der Aufzeichnungen, 48 Jahre alt und arbeitet augenscheinlich in der Verwaltung oder Buchhaltung eines größeren Unternehmens.

Editorische Notiz des Verlegers
Das unkonventionelle Text-Layout wurde ganz bewusst gewählt in der Absicht, die Leserinnen und Leser noch intensiver in die Erlebnisse des Protagonisten hereinzuführen.

Siebenkommafünf

Morgen also der Arzttermin. Na, wenn schon. Hin und wieder mal die Kopfschmerzen. Manchmal waren Doppelbilder dabei. Was wird schon sein? Eine Art Migräne wahrscheinlich.

Preindl liegt am Strand. Letzter Tag eines sehr schönen Urlaubs an der Ostsee. Geht unsortierten Gedanken nach. Durchweg bestes Wetter gehabt. Man konnte jeden Tag schwimmen, wenn nicht grade mal Quallenschwemme war. Preindl fühlt sich tiefenentspannt, rundum erholt. So erholt, dass er sich sogar wieder auf die Arbeit freut. Katrin ist noch mal raus aufs Meer mit dem Ruderboot.

Morgen noch mal ein Urlaubstag. Wegen dem Arzttermin eben. Was wird schon sein? Du gehst entspannt dahin, fragst. Wenn der Arzt dann aber erst mal eine Runde schweigt? Dann fängt das Herz an zu pochen, hinauf bis zum Hals, je länger er wortlos in seinen, meinen, Unterlagen blättert. Wenn er schließlich durch seine Zähne hindurchpresst so etwas wie *Ein massiver Befund immerhin*, fühlt sich dein Mund mit Mal ausgetrockneter als eine Sandwüste an.

Durchaus eine Herausforderung für die Medizin, sagt er noch und: Wir werden alles tun, was in unserer Macht steht.

Preindl fragt sich, ob er weinen sollte. Geht aber nicht.

Wir werden noch einige Untersuchungen brauchen, um zu sehen, was wir noch tun können.

Noch, hat er gesagt, noch.

Was ist es?, fragt Preindl mit schwerer Zunge.

Ein Gewächs. Herr Preindl, ein Gewächs, das da nicht hingehört. Ziemlich tief und weit unter der Großhirnrinde.

Der Arzt sagt noch mehr, redet von operativem Versuch, Preindl hört nicht mehr hin, stolpert wie benommen aus der Praxis. Steht an der Ampel. Es wird grün. Er bleibt stehen. Gedankensplitter und Bilderfetzen schwirren durch seinen Kopf, als sei sein Gehirn jetzt schon gesprengt worden. Noch kein Testament gemacht. - *Immerhin*, hat er gesagt. Was soll immerhin heißen? Dass alles halb so schlimm ist? Oder noch viel schlimmer? Wahrscheinlich hat er gar nicht die ganze Wahrheit gesagt. Sie haben noch ein paar Monate, wollte er wahrscheinlich sagen. Aber so reden die Herren Doktoren nicht. Sie sagen: Immerhin.

Plötzlich ein Bild der eigenen Beerdigung, wie die Verwandten um das offene Grab stehen, und, ärgerlich, die Sonne scheint dabei. Eine Beerdigung bei schönem Wetter? Das geht gar nicht. Wieso ist nicht Nieselregen?

Die Ampel schaltet wieder auf grün. Er steht immer noch da. Jede Menge Fragen schrillen in seinem Kopf. Werde ich gelähmt sein? Bald nicht mehr sprechen können? Was ist mit dem Vergaser, den ich demnächst reparieren lassen wollte? Wer kümmert sich jetzt darum? Katrin lässt sich ja nur übers Ohr hauen von der Werkstatt. Wen muß ich noch um Vergebung bitten? Was ist mit der Küche? Die wollten wir im Herbst streichen.

Er geht los, merkt nicht, dass die Ampel wieder auf rot steht. Ein Auto bremst quietschend. Der Fahrer brüllt irgendetwas.

Was machst du jetzt zuerst? Wen rufst du an? Katrin ist in der Arbeit. Die Kinder? Preindl, du gehst jetzt einfach zu Luigi und trinkst einen Espresso, und zwar einen doppelten. – Oder besser nicht. Luigi textet dich nur nieder.

Besser ein Eis. Ja, geh ein Eis essen. Da kann dich keiner dran hindern. Ist noch Urlaub heute.

Mit weichen Knien, wie auf einer Wolke, steuert er aufs Eiscafé zu. Er bestellt ein Pistazieneis. Erst löffelt er es genüsslich. Alles kommt ihm unwirklich vor. Plötzlich ekelt ihn vor dem Eis. Er wirft ein paar Münzen auf den Tisch, eilt hinaus. Schnell nachhause. Das Notebook hochfahren. Nach Gehirntumor und Doppelbilder googeln. Sag ich doch: Hirntumor mit Doppelbilder ergibt ein Glioblastom IV. Grades. Da kannst du einpacken. Das Ding ist inoperabel. Lebenserwartung 7,5 Monate. Siebenkommafünf.

Der Kreislauf rutscht ab. Preindl friert. Wie sag ichs Katrin, wenn sie nachhause kommt? Bilder aus der Kindheit fliegen ihm durch den Kopf: Wie er mit seinem Vater Pistazieneis gegessen hat, damals, er muß sechs oder sieben gewesen sein, als er im Schwimmbad eines riesigen Hotels in Spanien schwimmen lernte. Und wie der Vater ihn, da muß er schon Schulkind gewesen sein, von der Bordsteinkante zurückriß aufs Trottoir, als er unbedarft hinüberrennen wollte.

Der Vater hat mich gerettet. Geschimpft hat er auch. Wer rettet mich jetzt? Mit gerade mal 48 Jahren hast du noch eine Frist von siebenkommafünf Monaten, deine Dinge zu ordnen. Und zu warten.

Eine seltsame Entspannung überkommt Preindl auf einmal: Du hast Zeit. Die chinesische Anekdote kommt ihm in den Kopf: Der zum Tode Verurteilte liest ein dickes Buch. Als seine letzte Stunde anbricht, kommt der Henker in die Zelle, fordert ihn auf, sich vorzubereiten. Der Kandidat blickt nur kurz auf, senkt dann seinen Blick wieder aufs Buch und sagt *Ich habe Zeit.* Liest unbeirrt weiter. Der Clou ist, dass der Henker so verblüfft war, dass er die Hinrichtung aufschob, bis der Verurteilte das Buch zu Ende gelesen hatte.

Jedenfalls, Preindl, das machst du nicht: Dich aufs Sofa setzen und warten, bis der Sensenmann kommt. Du wirst noch Vieles tun. Das Auto zur Werkstatt bringen. Deinen Schreibtisch aufräumen. Den Carport fertig bauen. Dich verabschieden. Bilanz ziehen. Ja, Bilanz. Unvermittelt fällt ihm ein, wie er beim Fest zum zehnjährigen Jubiläum der Firma den ganzen Abend mit offener Hose herumgelaufen war und keiner hats ihm gesagt. – Nein, nicht solchen Kram. Eine richtige Bilanz soll es werden. Dazu braucht man Zeit. Und du hast Zeit. Siebenkommafünf.

Vielleicht sollte man alles aufschreiben. Was noch zu tun ist. Was wichtig war im Leben. – Und dann, wenn man alles aufgeschrieben, alles erledigt hat, - meine Güte: kann man das Leben, das man noch hat, *erledigen?* –, wenn man alles getan hat, was macht man dann? Wartet man dann geduldig auf den Tod? Oder ungeduldig? Oder gelangweilt? Wie geht das?

Auf einmal die Angst, Katrin zum Schluss hin nur noch zur Last zu fallen. Am Ende liegt er danieder, die Kinder kommen, hoffen womöglich, dass sie es bald hinter sich haben. Unsinn, die Kinder werden ihn unterstützen. Werden ihn die Nachbarn meiden, spätestens wenn er mit letzten Kräften an der Gartenhecke entlang schleicht? Oder auch einfach, weil man mit dem vom Tod schon Angewehten nichts mehr zu tun haben möchte?

Wie werden die nächsten Monate sein? Sitzt er, zum Abruf bereit, auf der Kante seines Korbsessels wie Munch in seinem Selbstporträt *Viertel nach zwei Uhr nachts?* Warum mußte er im Urlaub auch ausgerechnet die düstere Munch-Ausstellung besuchen? Oder wird er aufgeregt und ziellos herumrennen, ständig immer noch irgendetwas erledigend, bloß um sich noch lebendig zu fühlen? Und was ist, wenn es schnell geht? Siebenkommafünf, das ist eine Durchschnittszahl. Es kann auch viel früher zu Ende sein. Man hat noch längst nicht alles erledigt, man hat sich noch nicht von allen verabschiedet, da schlägt Herr Tod zu, weil es so besser in seinen Terminkalender passt.

Statt hektisch zu werden, besser noch eine Reise machen, solange man noch nicht gelähmt ist? Die letzte Reise. Mein Gott, wohin aber? Muß ja was Großartiges sein. Südafrika. Oder mit dem Hurtigruten-Postschiff ans Nordkap. Und dann? Kommt man wieder nachhause. Jetzt ist der Tod 14 Tage näher. Was hatte man von der Reise? Katrin ist imstande, ihn zu so einer Reise zu drängen.

Laß mich, würde er sagen. Mach du eine Reise, wenn alles vorbei ist. Die Frage ist, ob er das ohne loszuheulen sagen kann.

Kann man sein Ende gestalten? Sein Ende gestalten – klingt ganz schön heroisch. Wenn man halb gelähmt oder mit Schmerzen darniederliegt. Aber wenn nicht? Wenn es ebenso gewiß wie unmerklich auf das Ende zugeht? Die Philosophen sagen, man kann sich den eigenen Tod nicht vorstellen. Das wollen wir doch mal sehen. Man kann Pläne machen, werte Philosophen, wie man sterben will oder kann. Preindl wird schlecht, er stürzt zur Toilette hin, erleichtert sich mit dem Bild im Kopf, wie er im Sarg liegt.

Nichts spricht jetzt gegen einen Schnaps. Schwör mir eines, Preindl, dass du dich nicht im Warum verlierst. Das ist die Frage, mit der man sich selbst und andere fertig macht.

Warum gerade ich? – Hätte es besser den Nachbarn treffen sollen? Warum gerade jetzt? – Hätte es in zwei Jahren besser gepasst? Warum gerade diese Krankheit? – Wäre man lieber an Knochenkrebs gestorben?

Kein Warum, Preindl. Mach Pläne, entwickle Strategien. Übe dein Ende.

Sonnenuntergänge

Die Tür steht offen, das Fenster auf Kippe. Ein leichter Luftzug weht durch das Zimmer. Das letzte Zimmer in diesem Leben. Wohnlich eingerichtet, fast wie zu Hause. Wenn dich jetzt ein Lufthauch leichthin mitnehmen würde, dann hättest du es hinter dir. Es wäre ein milder Tod. Wie beiläufig. Anmutig fast. Du verschwebst einfach …

Da stapft mit schweren Schritten und keuchend ein Sterbekumpan ins Zimmer. Einfach so. Klopft nicht an. Bademantel, Badeschlappen, Chemoglatze.

Na, auch nichts Besseres zu tun …
Wie meinen?
… als hier herum zu liegen?
Wer sind Sie?
Einer wie du. Heiße Paul.
Sterben verbrüdert also.
Dieser Paul setzt sich ungefragt an den kleinen runden Tisch in den alten, etwas verblichenen Ohrensessel, den Katrin mit den Kindern zusammen hier herein gewuchtet hat. Er stand als Erbstück von Tante Elfi unbenutzt zuhause im Flur, nur so, als Ablage allenfalls.

Paul sieht aus dem Fenster, Preindl an die Decke. Paul sagt lange nichts, dann:

Wenn man hier angekommen ist, hat man schon Bilanz gezogen, die große Summe seines Lebens zusammengerechnet …

Preindl ist im Moment nicht nach Tiefsinn. Etwas widerstrebend sagt er nach einer Weile: Hab´s versucht. Sind mir aber nur Versäumnisse, Verpasstes, Fehler eingefallen. Dann kommt er doch in Fahrt.

Die Erinnerung an das, was ich nicht getan habe, aber hätte tun sollen oder können oder müssen, beschäftigt mich mehr als das, was ich erlebt und getan habe.

Erstens ... zweitens ... Drittens ...?

Ist das hier eine Prüfung?

Ja, die Abschlussprüfung. Paul grinst, hustet dabei aber ganz elendiglich, so dass das Ganze eher wie ein körperlicher Wutausbruch wirkt.

Naja. Ich hätte mir mehr verrückte Gedanken machen sollen, zum Beispiel, Verrücktes tun sollen.

Präziser, stößt Paul zwischen zwei weiteren Hustenanfällen hervor.

Ich war zu angepasst. Hab immer das gemacht, von dem ich meinte, ich sollte es tun. Immer korrekt in der Arbeit. Nie negativ aufgefallen ...

und positiv wohl auch nicht ...

... hab mich als Rädchen in einer großen Maschinerie gesehen, die eben funktionieren mußte. Mein Betrieb – ich hab in der Zentrale gearbeitet – hat elf Filialen in ganz Europa und neuerdings noch eine in China. Mit den Chinesen lief das besonders effizient. Also, das war zum Beispiel so ein verrückter Gedanke, den ich mir aber schnell verboten habe: Ich hätte die Möglichkeit gehabt, für zwei, drei Jahre nach China zu gehen, die dortige Filiale mit aufzubauen. China, Asien, das hat mich schon immer interessiert. Hab´s liegen lassen. Hatte Angst, die paar Freunde, meine Nachbarn nicht mehr vorzufinden, wenn ich zurückkomme. Und wie das mit Katrin hätte geregelt werden können ... Es schien mir schnell unmöglich. Heute denke ich ...

Ich auch, sagt Paul. Bei mir sind es die Sonnenuntergänge.

Sonnenuntergänge?

Wenn ich nach Hause kam, hab ich mich vor den Fernseher gesetzt, ein Bier aus dem Kühlschrank geholt. Jeden Abend. Besonders seit meine Frau abgehauen ist. Erst als ich krank geschrieben war, ich stundenlang auf dem Balkon saß, fiel mir auf, dass es Sonnenuntergänge gibt. Verstehst du? Sonnenuntergänge, rot-orange. Prall und glühend, wie das Leben hätte sein können. Aber eben untergehend.

Sonnenaufgänge gibt´s auch.

Da war ich schon auf der Arbeit, Schichtdienst, oder hab geschlafen.

Preindl richtet sich in seinem Bett auf. So einen Paul hatte er früher mal als Nachbarn, etwas vierschrötig, aber eine ehrliche Haut. Warum hat man so viele Kontaktmöglichkeiten nicht aufgegriffen? Es hätten Freundschaften daraus werden können. Die vielen Annäherungsversuche eines Nachbarn, Preindl weiß den Namen nicht mehr, hat er – immer höflich – abblitzen lassen. Der Mann war ihm etwas zu unabgegrenzt. Irgendwann hat der Nachbar aufgegeben. Man hat sich dann nur noch knapp gegrüßt, wenn man sich zufällig am Carport traf. Vielleicht wäre es eine richtige Männerfreundschaft geworden.

Wir haben uns verfehlt. Nein. Ich habe ihn verfehlt.

Männer tun sich schwerer mit Freundschaften als Frauen. Aber gerade am Ende fehlt uns das. Paul sagt es mit Schärfe, eindringlich. Dabei sieht er ziemlich bleich aus, als würde er gleich losheulen.

Preindl sucht in seinem Nachttisch nach dem Flachmann. Er bietet Paul einen Schluck an. Paul zögert kurz – Eigentlich darf …. Dann nimmt er einen großen Schluck. Woraufhin er einen maßlosen Hustenanfall bekommt.

Preindl denkt an den nervigen Kollegen, mit dem er vor vielen Jahren mal in Streit geraten war, als ihm dessen ewige Besserwisserei reichte. Wir sind unversöhnt auseinandergegangen, sind uns jahrelang aus dem Weg gegangen. Ich hätte mich mit ihm versöhnen sollen. Zumal er tatsächlich einiges besser wußte. Auch ein Versäumnis, sich nicht versöhnt zu haben, nicht verziehen zu haben.

Als sich Paul wieder beruhigt – seine Hustenanfälle sind von seltsamen Zuckungen begleitet, die Preindl eher interessiert als erschrocken ansieht –, wird es heiß und wässerig an Herrn Preindls Augenlidern.

Paul, was geschieht mit all den Versäumnissen?

Was soll damit geschehen? Die Vergangenheit steht nicht mehr zur Verfügung.

Und wenn doch?

Wie jetzt?

Für´s nächste Mal.

Oh, der Herr ist Buddhist?

Quatsch. Könnte doch sein, dass es ein nächstes Leben gibt, in dem man die diesmal verpassten Chancen noch einmal vorgelegt bekommt.

Oh, Mann. Dann pass mal auf, dass du nicht als Eichhörnchen wiederkommst und dein Nachbar als Marder.

Weißt du, was besonders drückt? Wenn ich an die Ideale denke, die mich früher erfüllt hatten, als ich zwanzig oder fünfundzwanzig war. Gerechtigkeit. Gleiche Chancen für alle. Das haben wir damals hitzig diskutiert. Bekannte von uns sind für ein Jahr nach Ghana gegangen und haben dort eine Schule aufgebaut. Bildung für afrikanische Kinder. Dafür haben die auf den Beamtenstatus verzichtet. Sie haben ihr Ideal konkret umgesetzt. Und ich? Die Ideale treten schnell in den Hintergrund, wenn du Familie hast. Wenn du dein Eigenheim bezogen hast, die Tiefkühltruhe im Keller steht, dann aber kein Geld mehr für einen Zweitwagen da ist, mit dem deine Frau flexibler gewesen wäre im Alltagsmanagement mit den Kindern, dann geht es bald nicht mehr um Ideale, sondern ums Organisieren. Wer bringt die Kleine zum Klavierunterricht? Kann Linus von Schulzes gegenüber vom Judo mitgebracht werden, wenn die ihren Sohn abholen? Werde ich rechtzeitig zu Hause sein, damit es Katrin noch zu ihrem Kurs reicht? Irgendwann hast du die Ideale vergessen. Nur wenn du auf dem Nachhauseweg an einer Demo vorbeifährst, tauchen sie tangential in einem hintersten Teil deines Kopfes wieder auf. Aber die drängende Frage ist jetzt, wie du den Stau umfährst, nicht, wie es um die Bildungschancen afrikanischer Kinder steht.

Man denkt manchmal, man hätte auch ein anderer sein können. Wenn es zuende geht, denkt man das. Solange man noch im Hamsterrad mitrennt, denkt man das nicht.

Oder man denkt, warum habe ich nicht konsequenter mein eigenes Leben gelebt? Warum bin ich nicht viel mehr Ich gewesen? Wenn man schon die Ideale verliert, so hätte man doch wenigstens hartnäckiger …

… selbstbewußter …

… also gut, selbstbewußter dem nachgehen sollen, was einen interessiert? Anstatt fast jeden Tag Überstunden zu machen, hätte ich meine Werkstatt nutzen sollen, die ich mir in der Garage mal eingerichtet hatte. Als die Kinder klein waren, hab ich immer Vieles aus Holz selbst gezimmert, die ersten Kinderbetten, Schränkchen, später einen Kaufladen. Ich hatte Ideen. Und ungeschickt war ich auch nicht. Ich hätte den Dachboden ausbauen können. Wie oft haben wir davon geredet. Den Keller wollte ich eigentlich zum Partyraum umbauen. Es gab konkrete Pläne. Aber …

In dir steckt also ein ungelebter Schreiner-Künstler, sagt Paul etwas sarkastisch.

Preindl sucht nach einer launigen Antwort, sagt dann aber ernsthaft: Ja.

Hätte ... hätte ... alles Unsinn. Paul ist noch auf der sarkastischen Schiene. Plötzlich aber, fast feierlich, stockend, als würde er selbst staunen über seine Worte: Ob wir uns selbst versäumt haben?

Schwierige Situation, wenn zwei Männer gleichzeitig kurz vor dem Losheulen sind. Wer öffnet die Schleuse zuerst?

Preindl nimmt einen Schluck aus dem Flachmann, will dann Paul die Flasche rüberreichen. Der hustet jetzt aber wieder und winkt ab.

Preindl, wie erhoben von Pauls großen Worten, sagt: Ich hätte meine Gefühle direkter und sofort ausdrücken sollen.

Paul, nachdem er sich wieder eingefangen hat, murmelt, mehr zu sich als zu Preindl: Der redet ja wie eine Frau.

Preindl aber, unbeirrt: Als ich zum Beispiel frustriert war, wenn der Chef meine Vorschläge nicht aufgriff.

Fazit, sagt Paul und will jetzt ganz sachlich sein, Fazit ist, du hast Vieles nicht getan, was du hättest tun sollen oder können. Aber das gehört eben auch zu deinem Leben, genauso wie das, was du wirklich getan hast. Sobald du etwas tust, tust du etwas anderes nicht. Wenn du in einer Situation zwei Möglichkeiten hast und du entscheidest dich für die erste Möglichkeit, dann hast du die zweite eben liegen gelassen. Kann man das Versäumnis nennen? Hättest du die zweite Möglichkeit ergriffen, hättest du die erste liegen gelassen Man legt sich fest, indem man sich entscheidet, und schließt dadurch andere Wege aus, die auch möglich gewesen wären. Wärst du in Afrika deinen Idealen nachgegangen, vielleicht hättest du dann gar keine Kinder bekommen oder nicht diese. Jedenfalls später. Du hättest vielleicht nach deiner Rückkehr nicht so einen gut bezahlten Job gefunden. Und dann ist noch die Frage, wie du zurückgekommen wärst. Tief befriedigt, weil du zur Weltverbesserung beigetragen hast? Oder frustriert, weil das alles nicht so geklappt hat, dort unten in Afrika. Was nutzt Reue am Ende, mein Lieber, über Versäumtes, vermeintliche oder tatsächliche Fehlentscheidungen? Sie gibt dir nur das Gefühl, dass dein Leben, obwohl es jetzt zuende gehen muß, nicht abgeschlossen ist. Und von einem scheinbar nicht abgeschlossenen Leben kann man sich nicht mit Ruhe und Fassung verabschieden. Was sollte der Maler am Ende seines Lebens sagen, der Hunderte von Bildern gemalt hat, einige Bilder, die auch möglich gewesen wären, aber nicht gemalt hat? Zergrübelt er sich darüber? Hätte er mehr, andere Bilder malen sollen? Er geht als Künstler, sein Werk ist so, wie es ist. Dass es hätte auch noch anders sein können, schmälert das Werk doch nicht.

Was schlägt der Herr Pastor vor?

Vergib dir.

Ich – mir vergeben?

Ja, vergib dir. Du mußt auch das annehmen als Teil von dir, von deinem Leben, was du nicht getan hast, aber theoretisch hättest tun können. Das bist du auch. Du mußt dich als Ganzes annehmen. Nimm alles mit, auch deine Versäumnisse.

Mitnehmen?

Ja, auf die Barke.

Welche Barke?

Die Barke, die dich hinüber bringt, verstehst du?

Ich fürchte ja. Wenn sie denn mal nicht absäuft wegen Überladung mit Versäumnissen ...

Keine Sorge.

Und was geschieht dann mit diesem nicht gelebten Teil meines Lebens?

Paul ist jetzt offensichtlich müde. Er schlurft hinaus und

sagt noch: Wenn die Barke drüben angelegt hat, wird man es dir sagen.

Preindl wieder alleine. Ja, oft schon in den letzten Monaten hat er nach einer Bilanz, nach der Bilanz seines Lebens gefahndet, nach der großen Summe, dem Bogen, der alles umspannt. Stattdessen bleibt er immer nur an Einzelheiten und Kleinigkeiten hängen. Die aber sehr plastisch auftauchen, als wären es gar keine Erinnerungen, als würden sie gerade jetzt erlebt. So der Geruch seines Opas, ein sogenannter *einfacher Mann der Arbeiterklasse,* wie er sich immer nannte. Ein herzenswarmer Mensch, ein richtiger Kuschelopa. Oft hat Preindl bei den sonntäglichen Familienbesuchen in Opas Waldsiedlung sich auf seinen Schoß gesetzt, hat sich einhüllen lassen von dem Geruch aus verräucherten Pullovern mit Rautenmuster – Opa war Pfeifenraucher –, Speikseife und Wald.

Oder jener Höhepunkt kindlichen Erkenntnisdranges, als Preindl, er muß damals etwa fünf Jahre alt gewesen sein, nach langem Grübeln unvermittelt an die Erklärung gelangte, warum sein Vater *Papa* hieß: Weil er nämlich alles papariert! Wenn irgendetwas im Haushalt oder an den Spielsachen kaputt gegangen war, Papa paparierte es.

Solche Sachen, aber keine Bilanz. Kein tieferer Sinnzusammenhang ist zu finden. Paul würde wahrscheinlich sagen: *Das erfährst du dann dort.* Aber würde man sich nicht gelassener vom eigenen Leben, von sich selbst verabschieden können, hätte man einen roten Faden gefunden, der einsichtig machen würde, wie alles zusammenhing?

Soll er die Hospizseelsorgerin fragen, die ein Mal in der Woche kommt?

Vielleicht allerdings gibt es so etwas gar nicht wie einen inneren Zusammenhang der biographischen Ereignisse.

Alles nur eine Aneinanderreihung von Zufälligkeiten, das ganze Leben lang? Auch unwahrscheinlich. Denn woher kommt das unabweisbare Gefühl: Das ist mein Leben. Alles, was geschehen ist, was ich getan habe, das bin ich. Ich erkenne mich in dem, was geschehen ist.

Und wieder: Wieso Bilanz? Bin ich irgendjemandem Rechenschaft schuldig?

Preindl richtet sich in seinem Bett auf: Ja, mir selbst.

Deshalb, Preindl, die abschüssige Schräglage ins Selbstkritische, wenn du versuchst, Bilanz zu ziehen. Man bewertet immer auch gleich, bewertet sich selbst, seine Taten, sein Leben. Bewertungen führen jedoch nicht zur Erkenntnis. Sie stellen sich aber leider sehr automatisch ein: Wenn Preindl bei seiner Bilanzsuche auf das Gespräch mit dem Kollegen Mario stößt, als dieser bei einer Beförderungswelle übergangen wurde, oder auf das Zusammentreffen mit dem etwas vertrockneten Lehrer von Lara: Er hat immer mehr geredet als zugehört. Wie die Russen sagen: Man hat zwei Ohren, aber nur einen Mund, damit man nämlich doppelt so viel zuhört als man spricht. Dass ein Gespräch mehr vom Zuhören lebt als vom Kundgeben von Meinungen, das wird dir erst hinterher klar, nach zwanzig Jahren nämlich, wenn es zu spät ist.

Alberne, sinnlos erscheinende Bagatellen schwimmen wie Fische im Aquarium durch Preindls Kopf: die Szene, als er bei einer Einladung bei seinem Chef zuhause den Kaffee verschüttete und damit dessen edles Sofa ruinierte; oder als er – vor 25 Jahren! – beim Ausparken den Rückspiegel des Vordermanns abriss und sich schnellstens aus dem Staub machte, anstatt ihm seine Adresse unter den Scheibenwischer zu klemmen.

Preindl sieht wie hypnotisiert solchen Fischen im Aquarium zu. Sie werden immer mehr, schwimmen hin und her und kommen nirgends an. Er wird müde. Er legt sich zurück. Er nickt ein, wacht wieder auf. Dann im Halbschlaf taucht das Bild einer langen Schriftrolle auf, quer über seinem Bett: Sämtliche Daten, Taten, Ereignisse seines Lebens sind da eingetragen, die kleinen wie die großen, die Rückspielgeschichte ebenso wie die Geburt der Kinder, seine Stimmungen auch in den verschiedenen Lebensphasen: Die Zuversicht der frühen Jahre in der Studienzeit. Die unermessliche, vorher nicht gekannte Dankbarkeit, als die Kinder geboren wurden. Die entspannte Stimmung beim Angeln mit den Kumpeln. Die Sorge nach Katrins Unfall. Alles, alles. Ein Lebenspanorama. Sein Lebenspanorama. Auf einmal verwandeln sich die Worte und Zahlen in Noten und das Lebenspanorama in eine Partitur. Preindl *hört* sein Lebenspanorama, wie es sich entfaltet, hört, wie alles zusammenhängt. Preindl schläft endgültig ein. Sein letzter Gedanke:

Das muß ich Paul sagen, dass da doch jemand mein Leben durchkomponiert hat.

Café zum Tod

Preindl liest neuerdings Traueranzeigen. Einige sind offensichtlich im ersten Schock verfasst: ... starb unverhofft .... Und der Leser hofft, dass es ein Versehen ist und da nicht wirklich jemand kaum zu hoffen wagte ... Sonst fällt ihm auf, dass offenbar nur liebe und dann noch über alles geliebte Menschen gestorben sind. Wo sind die Nervensägen, Haustyrannen und Volltrottel geblieben? Sterben die nicht?

Ist es eine archaische Angst vor der Macht der Toten? Dass sie sich rächen könnten, noch aus dem Jenseits, wenn etwas Realistisches über sie geschrieben würde? Ist es Rücksicht? Der Verstorbene kann sich ja nicht mehr wehren, wenn da stünde ... verstarb der notorische Rechthaber .... Ist es die Sorge derer, die solche Traueranzeigen verfassen, dass dereinst, bei ihrem eigenen Ableben, Kritisches über sie selbst in ihrer Traueranzeige zu lesen wäre?

Onkel Herbert, ein Streithansel sein Leben lang, hatte vorgesorgt. Schon mit fünfundsechzig, damals noch bei bester Gesundheit, verfasste er nicht nur seine eigene Traueranzeige, sondern legte auch den Ablauf der Trauerfeier fest sowie die Trauerrede. Und siehe da, auch hier war nichts vom Streithansel zu lesen. Aufrecht sei er gewesen (stimmte nur, wenn kein Vorgesetzter in der Nähe war), gottesfürchtig (dies stimmte nur, wenn es darum ging, andere Gläubige seiner Kirche wie ein Inquisitor zu beobachten und zu denunzieren), ferner sei er dann auch noch ehrlich gewesen (womit er wohl meinte, dass er ständig und ungefragt seine Meinungen und Prinzipien zum besten gab). In eben dieser Rede legte Onkel Herbert auch fest, dass seine Frau tief erschüttert zu sein hatte, dass er große Verdienste gehabt habe in seinem ehrenamtlichen Wirken (als Hundehasser hatte er sich zum Verfolger von Hundebesitzern aufgeschwungen, die ihren Köter in jeden Vorgarten und an jeden Zaun kacken ließen).

Seltsamerweise oder auch nicht seltsamerweise hat nach seinem Tod seine Frau Erni diese Idealisierung mitgemacht. War er zu Lebzeiten für sie *der* Herbert, wenn sie über ihn sprach, wurde er nach seinem Tod zu *mein* Herbert. Sie blendete die Streitereien über Nichtigkeiten weg, die er täglich sowohl mit ihr wie mit Nachbarn vom Zaun gebrochen hatte. Sie sprach von seiner engagierten Seite: Die Rosen an *seiner* Garagenwand (vorher war es *unsere* Garagenwand) seien seine Leidenschaft gewesen. Keiner habe so ein einfühlsames Händchen für Rosen gehabt wie er. Hilfsbereit sei er gewesen, auch noch in der Rente habe er Nachbarn geholfen bei der Gartenarbeit (in Wirklichkeit wurde er immer wieder nachhause wegkomplimentiert, weil man seine Wichtigtuerei nicht mehr ertragen wollte). Dass er sie, Erni, ständig abkanzelte, sich über sie lustig machte, dass sie sich oft ins Schlafzimmer zurückzog, tief verletzt und weinend, verklärte und verdrehte sich zu: Er hat mir so viel Halt gegeben.

Preindl überlegt, ob er auch seine Traueranzeige selbst entwerfen sollte. Dann aber anders als Onkel Herbert, nämlich realistisch, mit solchen Zeilen wie: … verstarb der anstrengende … (Katrin beschwert sich oft, dass er immer alles ausdiskutieren will), – oder … ein Langschläfer vor dem Herrn … (Katrin kostet es oft viel Geduld, wenn Preindl am Wochenende gern noch eine Runde und noch eine weiterschläft, wenn sie schon längst aufgestanden ist und Pläne für den Tag macht). Soll er seine Traueranzeige mit Katrin zusammen entwerfen? Oder wäre es ein Übergriff, die eigene Traueranzeige festzulegen? Sollte man es doch den Angehörigen überlassen, wie sie über ihn einmal sprechen beziehungsweise schreiben wollen?

Eine Traueranzeige, denkt Preindl, sagt wahrscheinlich mehr über die Angehörigen aus als über den Verstorbenen. Und wenn der Text einer Traueranzeige, selten, wie Preindl feststellt, Humor zeigt, ist das dann der Humor der Hinterbliebenen oder der des Verblichenen, der zum Beispiel bestimmt hat, dass statt eines tiefsinnigen Spruches nur *tot!*, mit Ausrufezeichen, über der Anzeige steht. Eine der Traueranzeigen beginnt mit *weg*, kleingeschrieben. Kann auch humorvoll gemeint sein, kann auch ein Seufzer des Aufatmens sein, denn man ist geneigt, es als *endlich weg* zu lesen.

Auf der Suche nach solchen Nachreden verlegt Preindl den sonntäglichen Auslauf mit Rudi in die Friedhöfe der Stadt, studiert Grabinschriften. Hier wiederum ruhen gute Menschen und zwar in ewigem Frieden. Wenn das mal sicher ist, denkt Preindl. Vielleicht durchleidet die Seele des Verstorbenen gerade Höllenqualen, weil sie sich mit ihren Untaten aus Lebzeiten konfrontiert sieht. Und der Leichnam ruht ja wohl auch nicht: Er quillt noch auf, Bakterien zerlegen ihn. Auf mikrobiologischer Ebene jedenfalls, so scheint es Preindl, kann man wohl kaum von Ruhe sprechen, vielmehr muß man sich einen aktiven, wenn nicht tumultartigen Zerfall vorstellen.

Was will er einst, beziehungsweise bald, auf seinem Grabstein eingraviert wissen? Auf jeden Fall nicht das Übliche wie: Nur wer vergessen wird, ist tot. Du wirst in unserer Erinnerung immer weiter leben. Schon recht, aber was ist, wenn die Hinterbliebenen dann auch mal tot sind? Preindl überfällt eine Angst, vergessen zu werden. Der Spruch stimmt, denkt er sich, wenn du vergessen bist, bist du endgültig tot. Du bist dann nicht nur tot, sondern es hat dich und dein Leben nie gegeben. Wegen solcher Ängste stellt man wahrscheinlich Steine auf, sie halten ziemlich ewig. Originelle Inschriften wie *Bin dann mal weg* oder *Komme bald wieder* oder *Feierabend* sind dann auf die Dauer auch nicht sehr lustig.

Wenn schon, kann er sich solche Sprüche wie *Weint nicht, weil es vorbei ist, sondern lacht, weil es schön war* vorstellen oder *Das Schönste, was ein Mensch hinterlassen kann, ist das Lächeln, wenn sie an ihn denken* oder auch so etwas tröstliches, warmherziges wie *Wir lassen die Hand los, nicht den Menschen.*

Seltsam auch manche Grabsteine selbst. Da stehen zum Beispiel zwei Golfschläger aus Stein. Soll der Verstorbene denn auf ewig Golf spielen? Einige werte Verstorbene wollen auch noch übers Grab hinaus herrschen: Man hat ihnen nicht einfach einen Grabstein gesetzt, sondern eine Stele, als wäre ein Pharao gestorben. Oder die Nachfahren wollen ihren eigenen, nämlich geerbten, Reichtum dokumentieren. Unsäglich der Stein in Herzform oder der als küssender Mund.

Supermodern: Grabsteine mit einem QR-Code. Den kannst du mit deinem Smartphone einscannen, worauf sich eine Seite auftut mit den biographischen Daten des Verstorbenen, Urlaubsfotos und dergleichen. Manche Gräber wiederum sind von einem Engel bewacht, mal von einem sinnenden, mal von einem musizierenden, mal ist es ein heroischer, der wohl Todesüberwindung versprechen soll, andere zeigen eine tröstliche, Geborgenheit gebende Geste. Möchte Preindl einen Engel, auf seinem Grab wissen? Kann man das wirklich selbst entscheiden? Müssen nicht auch das Hinterbliebene bestimmen? Überhaupt kommt Preindl bei den Gängen mit Rudi über Friedhöfe immer mehr davon ab, irgendetwas selbst festlegen zu wollen. Es erscheint ihm unpassend, wenn nicht anmaßend. Andererseits, sagt er sich, wären Katrin und die Kinder vielleicht froh, wenn er ihnen diese Überlegungen vorweg abnehmen würde.

Oder soll er nur bestimmen, was er nicht will? Zum Beispiel so ein verfremdetes, verbogenes, modern sein wollendes Kreuz als Grabstein. Was der Gekreuzigte selbst dazu sagen würde, weiß man ja auch nicht. Und auch, bitte, keine Steinplatte aufs Grab legen. Bei dieser Vorstellung ergreift ihn Atemnot.

Günstigerweise gibt es auch Friedhöfe, die so etwas wie eine gelassene Trauer erlauben: Ein Friedhof am Rande der Stadt (der sich auch gar nicht Friedhof nennt, sondern Erinnerungsgarten) verfügt genau in seiner Mitte über einen Cafépavillon. *Café zum Tod* steht da in Neonleuchtschrift. Da kannst du als Hinterbliebener dir einfach eine Tasse heiße Schokolade genehmigen, eine Torte dazu. Bockwürstchen gibt es auch. Und im Hintergrund ist leise Musik zu hören, eine dezente, aber keine Trauermusik. Sie veranstalten hier auch offene Gesprächsnachmittage und bieten Informationsveranstaltungen an zu alternativen Bestattungsformen. Preindl legt hier eine Pause ein, Rudi darf sogar mit hinein, bekommt eine Schale mit Wasser vorgesetzt. Beim Espresso und einem Stück Marmorkuchen steht es Preindl auf einmal sehr klar vor Augen, was er auf seinem Grabstein eingraviert haben möchte: Vergebt mir. Andererseits – ob Katrin da mitmachen würde? Und dass er am liebsten mit Rudi zusammen in einem Grab liegen würde, das wird wohl auch nicht gehen.

Preindl bezahlt und macht sich auf, den Friedhof weiter

zu erkunden. Falls einer einsam ist, findet er auf Friedhöfen auf jeden Fall jemanden zum Reden, vor allem, wenn er einen Hund dabei hat. Omis, die von ihrem Hermann erzählen wollen, dessen Grabpflanzen sie hier jede Woche neu richten. Opis auch. Die sagen dann: So einen hatte ich auch mal. Ist auch gestorben. Dann plaudert man über Hunde, Hundekrankheiten, Hundehaare auf dem Wohnzimmerteppich und darüber, dass sie die treuesten Freunde des Menschen sind.

Oder man trifft auf eine zornige Witwe: Preindl fällt ein sehr karges, wenn nicht billig aussehendes, aber frisches Grab auf. Eine Frau in Schwarz, Mitte Vierzig, steht davor, die Hände in den Hüften, als würde sie gleich losschimpfen. Ohne weiteren Vorlauf sagt sie zu Preindl:

Ich mußte die einfachste Beerdigung nehmen, die es gab. Mein Mann wollte immer superschlaue Geschäfte im Internet machen. Und obwohl er damit regelmäßig auf die Nase fiel, hat er nicht abgelassen davon. Dieses Mal klappt es, sagte er immer. Es hat nie geklappt. Er hat mir sechzigtausend Euro Schulden hinterlassen. Was glauben Sie, wie hoch der Berg mit Mahnungen auf meinem Schreibtisch ist. Sie weint.

Wenn Preindl recht versteht, in einer Mischung aus Wut und Trauer.

Trotzdem, sagt sie, es ist schrecklich: Ich habe ihm den Abschied verweigert. Wir hatten Gäste an dem Abend, wissen Sie. Um 21 Uhr begann er sich zu verabschieden. Er sei müde. Man möge aber fröhlich weiter feiern. Es ist mir erst hinterher aufgefallen, dass er sich zum Verabschieden bei jedem Gast sehr viel Zeit nahm, für die Frauen besonders, wie immer charmant und witzelnd. Dann ist er auf mich zugegangen und begann, sich auch von mir ausführlich zu verabschieden. Ich fand das peinlich und überflüssig und dachte, dass das wieder mal einer seiner albernen Scherze sein sollte. Das Geküsse vor den anderen ging mir auf die Nerven. Schließlich habe ich seine Abschiedsinszenierung abrupt beendet. Ich habe ihn zurückgewiesen, verstehen sie? Am späten Abend kam ich in sein Zimmer und er war tot.

Sie ist wütend und hat zugleich Schuldgefühle, denkt sich Preindl.

Sie sind wütend und haben zugleich Schuldgefühle, sagt er.

Sie sagen es überdeutlich.

Preindl weiß nicht, was er ihr beim Weggehen wünschen soll. Alles Gute? – Es hat auch sein Gutes? – Wird alles gut?

In zwei, drei Jahren werden Sie ihm vergeben haben, sagt er.

Sie lächelt ihn mit noch feuchten Augen an. Rudi bemerkt, dass die Sequenz zuende ist, steht auf und zieht an der Leine.

Darf man auf eben Verstorbene wütend sein?, fragt Preindl sich. Darf man. Es ist ehrlich.

Rudi zieht zu einer frisch ausgehobenen Grabstelle. Da riecht es wahrscheinlich besonders interessant. Einem plötzlichen Impuls folgend, lässt Preindl die Leine los und springt in diese Grube. Egal, was Katrin sagen wird, wenn er mit einem lehmverschmierten Anorak nachhause kommt: Er legt sich der Länge nach hinein. Herzklopfen, eskalierend. Rudi macht ohne Aufforderung Sitz. Er legt den Kopf schräg, gibt ein kurzes fragendes Jaulen von sich. Preindl ist sofort gefangen von Bildern des Zerfalls seines Leichnams: Wie man weiß, wachsen Krebsgeschwüre noch einige Zeit weiter, auch wenn der Mensch schon tot ist. Wie lange? Noch im Sarg? Bald dringen Bakterien in Kolonne durch die Ritzen im Sarg. Als erstes marschieren sie in die Körperöffnungen ein, kriechen geschäftig durch die Nase ins Gehirn, durchs Ohr, zerlegen die Spuren, die deine Gedanken in deinen Nervenzellen hinterlassen haben. Eine Orgie. Der Körper stinkt. Das stört die Bakterien natürlich nicht. Die Würmer, die bald nachfolgen, zieht es eher an. Sie fressen dich auf. Und was sie nicht gebrauchen können, scheiden sie hinten wieder aus. Die Chemikalien zum Beispiel von dem Berg an Medikamenten, durch den du dich zuletzt hindurch gefuttert hast. Was sie ausscheiden, ist dann Gift für das Grundwasser. Und was ist mit dem Amalgam in deinen Zähnen? Gibt es Bakterien, die auch das zerlegen? Oder bleibt es, so wie Plastiktüten, für immer in der Erde, ein Fremdkörper und Affront für jeden Lebensvorgang auf ewig? Preindl klettert schweißgebadet aus dem Grabloch. Er nimmt die Leine auf und geht, jetzt eher schnell, mit Rudi Richtung Ausgang. Der wirkt etwas verstört oder zumindest nachdenklich.

Einäscherung ist die Lösung, denkt Preindl. Den Leichnam verbrennen. Das dauert eine gute Stunde. Knochen, die nicht verbrannt sind, werden in der Knochenmühle zermahlen. Dann bist du wahrscheinlich nur noch ein halbes Pfund, schätzt Preindl.

Und wenn das halbe Pfund in eine abbaubare Urne geschüttet wird, kannst du dich in einem Friedwald beisetzen lassen.

Preindl fährt am darauf folgenden Sonntag mit Rudi zum Friedwald hinaus, circa 20 Kilometer entfernt, am Stadtrand. Es ist ein lichter Wald, Eichen, Birken, Kiefern. Blaubeeren bedecken weite Teile des Bodens. Es gibt einen Andachtsplatz mit einem schlichten Holzkreuz und elementaren Sitzgelegenheiten aus längs gesägten Baumstämmen. Man kann sich hier zu Lebzeiten einen bestimmten Baum aussuchen, steht auf der Infotafel. Gut, aber welchen, nach welchen Kriterien? Als Preindl vor einer hohen Birke stehen bleibt, bekommt Rudi offenbar den Duft einer läufigen Hündin in die Nase und er zerrt an der Leine. Plötzlich ein Ruck. Die Schlaufe der Leine wird aus Preindls Hand gerissen. Rudi stürmt los. Preindl bleibt nichts anderes übrig, als an eben der Birke zu warten. Er setzt sich an ihr nieder, lehnt sich an. Nach gut zehn Minuten trottet Rudi zurück, entspannt und guter Dinge, wenn auch noch etwas keuchend.

Was kommt
danach, Godsche?

Preindl macht sich mal wieder auf den Weg zur Cafeteria. Seit zwei Wochen ist er hier in der neurologischen Klinik. Für Untersuchungen. Nicht zur Behandlung. Hier wird alles aufgefahren, was die moderne Medizin zu bieten hat: MRT, nuklearmedizinische Diagnostik ... Aber wozu? Niemand hat behauptet, Preindls Hirntumor sei operabel. Trotzdem entfaltet man hier einen enormen diagnostischen Ehrgeiz.

Die Doppelbilder treten jetzt häufiger auf. Er hat manchmal Schwierigkeiten, am Aufzug den richtigen Knopf zu erwischen. Die Lichtschalter an seinem Bett versucht er schon gar nicht mehr mit dem Finger zu bedienen. Er wischt einfach mit der flachen Hand darüber.

Preindl geht langsam, obwohl ihm nichts weh tut. Er mußte schon lange feststellen, dass er schwächer und schwächer wird. Und schmaler ist er geworden. Auch kleiner, kommt ihm vor.

In der Cafeteria trifft er Gottfried, genannt Godsche. Den trifft er jeden Tag hier. Wolgadeutscher. Stammt aus der Saryarka in Kasachstan. Auch Hirntumor. Auch inoperabel.

Godsche und Preindl sitzen nebeneinander auf einer Bank, so dass beide nach draußen, in den Außenbereich der Cafeteria schauen können. Dort sitzen die Kranken mit ihren Besuchern, drinnen sitzen fast nur Patienten alleine, viele, wie Godsche und Preindl, im Bademantel. Dagegen schick – vielleicht betont schick, damit sie nicht für

Patienten gehalten werden? – die Besucher. Preindl schämt sich. Vor drei Monaten lief er auch noch so schick herum. Er hat immer auf sein Äußeres geachtet.

Bin ich hässlich geworden, Godsche?

Godsche sofort: Ja.

Dem kann ich vertrauen, denkt Preindl, während er umhersieht.

Von all dem müssen wir Abschied nehmen.

Von den Mandelhörnchen, den Baumkuchenspitzen, dem Kalten Hund …

Witzbold. Eigentlich hat man ja schon immer Abschied genommen, Verluste erlebt. Als mein bester Freund nach Kanada ging, um sein Studium dort abzuschließen, war klar, dass wir uns nicht mehr wiedersehen würden …

Ich hab mich von der Steppe verabschiedet, die meine Heimat war …

Weißt du, was der Unterschied ist, Godsche? Um wirklich Abschied nehmen zu können, braucht man eine Vorstellung, was danach kommt, eine Perspektive, wie es weitergeht. Diesmal gibt es keine Perspektive.

Godsche schlürft seinen Eistee.

Preindl wieder: Oder doch? Wenn es doch weitergehen würde, nach dem Tod, Godsche?

Das hättest du wohl gern.

Was spricht dagegen?

Man kommt auf solche Ideen, weil man sich ein absolutes Ende seines Ichs nicht vorstellen kann, denke ich. Das Ich, verstehst du, kann sich nicht vorstellen, dass es nicht ist. Es denkt sich selbst deshalb automatisch über den Tod hinaus weiter.

Wenn es aber doch, in Wirklichkeit, weitergeht? Nehmen wir mal an …

Wie hättest du es denn gerne?

Ich habe keine Vorstellung, was dort drüben geschieht. Was ... mich erwartet. Vielleicht gibt es dort so eine Art Führer. Oder, wie die Tibeter es in Ihrem Totenbuch beschreiben, jemanden, hier, auf Erden, einen Gottesmann, der mich, meine Seele, von der Erde aus durch diese unbekannte Landschaft geleitet. Vor allem frage ich mich, wie wird es unmittelbar nach dem Tod sein? Irrt man orientierungslos dort umher? Hat man Angst? Oder ist man überwältigt von Licht und Schalmeienklang?

Und wo muß man sich melden ...

Du glaubst nicht an ein Leben danach?

Sagen wir so: Die Jenseitsvorstellung ist für mich die einzige Vorstellung, die dem menschlichen Leben einen Sinn gibt. Unser Leben macht nur Sinn, wenn es ein Danach und auch ein Davor gibt. Ungerechtigkeiten, Kriege, Menschen, die mit einer Behinderung auf die Welt kommen ... Das kann, wenn überhaupt, nur von dort aus einen Sinn machen.

Unsere Krankheiten ...

Ja, auch Hirntumoren machen nur Sinn, wenn es ein Leben nach dem Tod gibt.

Und zwar welchen?

Keine Ahnung. Das Vertrackte ist, dass wir darauf allenfalls dann erst eine Antwort erhoffen können, wenn wir drüben sind. Wenn es denn ein Drüben gibt. So beißt sich die Katze in den Schwanz.

Aber fast alle Völker glauben an ein Jenseits. Freilich wird es meist als wenig attraktiv beschrieben. Da ist von Fegefeuer die Rede, von der Seelenwaage – da wirst du gewogen ...

Günstig für mich, abgemagert wie ich bin.

... oder man stellt sich ein Strafgericht vor ...

Das schlimmste Strafgericht, Preindl, bestünde meiner

Meinung nach darin, dass sich jeder selbst richten muß. Weil jeder selbst erkennen wird, was er alles falsch gemacht hat, was er versäumt hat, wen er verletzt hat, wo er Leid angerichtet hat. Ich stelle es mir wie in einem Spiegelkabinett vor: Man sieht sich von allen Seiten, gleichzeitig, unausweichlich sieht man alle seine Seiten. Jeder Fluchtversuch zeigt nur wieder neue Seiten von dir. Da kommst du nur heraus, wenn du das akzeptierst. Wenn du ein Anderer sein willst, als du auf Erden gewesen bist, kommst du nicht mehr raus.

Das Fegefeuer?

Oder gleich ewige Verdammnis. Ich denke, es ist weniger ein Feuer als eine Lähmung. Entweder du bist bereit, dich selbst in lückenloser und schonungsloser Gänze mit allem, was du auf Erden gewesen bist, und auch was du nicht gewesen bist, aber hättest sein können, zu beurteilen oder du kommst nicht weiter, bleibst gelähmt.

Du meinst, man kommt dann höchstens als Küchenschabe wieder?

Ja, so etwa.

Aber wir wissen es nicht wirklich. Manchmal denke ich, nicht der Tod, das Ende meines Lebens, ängstigt mich, sondern dass ich nicht sicher weiß, was danach kommt. Ob überhaupt etwas danach kommt.

Hieße aber, wenn nichts danach kommt, bräuchte man sich auch nicht zu ängstigen.

Glaubst du an Gott, Godsche?

Weiß nicht.

Was ist, wenn Gott wirklich existiert?

Wie ich sagte: Dann hat alles einen Sinn. Wenn es ihn nicht gibt, sind wir verloren.

Wer weiß, vielleicht erleben wir ja bald eine große Offenbarung, erkennen Gott. Erfahren, wie er ist, wo er ist.

Ob er überhaupt ist.

Das ist Quatsch. Wenn er nicht ist, gibt es nichts zu erfahren. Dann gibt es auch kein Jenseits.

Kann man sich trauen, ohne Gott zu sterben, Godsche?

Frau Preindls Unterweisung

Katrin wischt die Treppe. Er sitzt im Wohnzimmer, eingewickelt in eine Decke, ihm ist kalt. Er ist versunken in Gedanken daran, wie es Katrin nach seinem Tod gehen wird. Er versucht, sich den letzten Moment vorzustellen – und den ersten danach. Letzter Atemzug. Letzter, müder Schlag des Herzens. Vielleicht ein leichter Luftzug über dem Kopf, ein kaum merkliches kurzes Pfeifen. Die Seele erhebt ihre Schwingen.

Zuerst öffne das Fenster, ruft er ins Treppenhaus.

Was ist los?

Er, noch einmal, lauter: Zuerst öffne das Fenster.

Welches Fenster soll ich öffnen?

Wenn ich gestorben bin.

Katrin legt den Wischlappen ab und kommt ins Wohnzimmer. Wo bist du gerade?

Bei der ersten Sekunde nach meinem letzten Atemzug.

Katrin setzt sich, sieht ihn fragend an.

Ja, das Fenster aufmachen. Verstehst du? Die Seele muß rauskönnen. Und du brauchst frische Luft.

Katrin weiß nicht so recht, was sie sagen soll.

Totenwache ist nicht nötig.

Wenn ich aber wollen sollte …?

Und du brauchst keine Schuldgefühle zu haben.

Sag mal …. Katrin zieht die Gummihandschuhe aus.

Könnte doch sein. Schuldgefühle. Zum einen, weil man erleichtert ist. Erleichtert, dass es vorbei ist. Sieh mich nicht so groß an. Ich will nur sagen, dass du erleichtert sein darfst. Du hast dann lange genug mein Dahinsiechen miterlebt und begleitet. Hast mich gepflegt vielleicht, dich gekümmert die ganze Zeit. Das ist in dem Moment alles vorbei.

Katrin steht auf, geht zu ihm, bückt sich zu ihm, nimmt ihn in den Arm.

Oder du hast Schuldgefühle, weil … weil *du* nicht gestorben bist.

Lass gut sein.

Oder weil du denkst, du hättest nicht alles für mich getan …

Darf ich mir meinen Kopf selbst zerbrechen? Darüber, was danach sein wird?

Aber ich habe das Gefühl, ich sollte es wissen.

Ich kann nicht vorher wissen, wie ich mit dem Schmerz umgehen werde.

Ich hab eben das Bedürfnis, vorher alles geregelt zu haben.

Wie soll ich meine Gefühle, meinen Schmerz *regeln?*

Und das auch noch vorher?

Ich möchte nur, dass du zurechtkommst. Weißt du, wie du die Trauerfeier organisierst? Wie du zum Beispiel an den Erbschein kommst? Und, übrigens, die Rechnungen für Beerdigung, Trauerredner, Friedhofgebühren werden umgehend hier eintreffen. Wir müssen über all das reden.

Darf das auch heute Abend sein? Katrin macht sich wieder an die Treppe.

Nach ein paar Minuten ruft Preindl wieder ins Treppenhaus: Einige Leute werden dich vielleicht meiden.

Wieso sollte mich jemand meiden?, ruft sie zurück.

Ich stelle mir vor, es entsteht eine Hürde, wenn nicht ein Abgrund zwischen dir und einigen Nachbarn und Bekannten. Verstehst du?

Nein.

Der Tod war da. Um weiter mit dir umzugehen, muß man über eine Schwelle springen. Du, unser Haus, bekommen etwas Unheimliches für den einen oder anderen.

Katrin scheint jetzt etwas ärgerlich. Ich möchte davon ausgehen, dass unsere Freunde zu mir halten. Wir sind getragen …

Sicher. Aber es könnte eben auch andere geben, die um den Tod lieber einen Bogen machen.

Was willst du jetzt eigentlich?

Ich versuche, dich zur Hinterbliebenen auszubilden, ruft er und muß selbst lachen.

Oh, danke. Darf ich jetzt trotzdem die Treppe weiter …?

Stille. Jeder in seinen Gedanken.

Bald aber Preindl wieder, zum Treppenhaus: Und wenn du irgendwann einmal einen Mann kennenlernst …

Katrin wirft deutlich hörbar den Wischlappen auf die Treppe und kommt wieder ins Wohnzimmer. Jetzt reicht's aber.

Im Ernst. Du sollst dich frei fühlen, wollte ich ja nur sagen.

Weitere Anweisungen?, fragt sie in etwas sarkastischem Ton.

Renoviere die Wohnung. Mach auch im Äußeren einen Neuanfang.

Und möchte mein Ausbilder vielleicht auch, dass ich umziehe? Oder auswandere?

Du sollst jedenfalls etwas tun, was dir guttut. Geh wieder tanzen zum Beispiel.

Dass ich da nicht drauf gekommen bin. Ich werde mich gleich morgen anmelden.

Preindl ignoriert ihren ironischen Ton. Und die Steuererklärung muß ich mit dir durchgehen. Du hast noch nie eine Steuererklärung gemacht, seit wir zusammen sind.

Katrin sieht ihn lange und prüfend an. Sag mal, tust du gerade etwas für mich oder etwas für dich?

Preindl schießen Tränen in die Augen.

Ich meine, sagt sie, es wäre okay. Ich verstehe, dass du beruhigt sein möchtest über mein Danach. Es ist lieb von dir. Wir können einiges regeln. Du kannst mir Verschiedenes erklären wie das mit der Steuererklärung. Aber anderes muß ich auf mich zukommen lassen. Trau mir bitte zu, dass ich zurechtkomme. Sie zieht ihn aus seinem Sessel und drückt ihn an sich. Leg eine von unseren alten Schallplatten auf. Unser guter alter Plattenspieler. Der gehört zu uns, auch wenn du nicht mehr da bist.

Sie geht zur Treppe zurück und ruft noch: Aber das mit dem Fenster, ich werde es tun. Sei sicher.

Dr. Clown

Jetzt im Hospiz also. Endstation. Katrin hat das organisiert. Alles gut hier. Keine Atmosphäre wie in einem Krankenhaus. Fühlt sich eher an wie eine WG. Naja, eine betreute WG. Das Zimmer, ein Appartement fast, wohnlich. Warmgelbe Vorhänge am Fenster. Grüner Doppelvorhang zum kleinen Eingangsbereich hin, wo es zur Toilette und zum Bad geht und wo der Kleiderschrank steht. Man darf eigene Sachen mitbringen. Bilder, kleine Möbel. Preindl hat nur einen kleinen Packen Bücher und einige CDs mitgebracht, die noch auf einem Stapel auf der Fensterbank liegen.

Was macht man in einem Hospiz? Meistens grübeln vermutlich oder unsystematisch nachdenken. Vielleicht ist es auch mal langweilig. Darf ein Sterbender sich langweilen?

Die Eingangstür wird geöffnet. Wer kommt da? Ein kleiner roter Ball, kaum größer als eine Erdbeere, schiebt sich zwischen den beiden grünen Vorhängen hindurch. Wie eine Blüte, die gerade aufgeht, auf einer Wiese. Totenstille für einen Moment. Preindl erschrickt. Langsam öffnen sich die beiden Vorhangschals zur Seite: Ein Clownsgesicht, weiß, dicke schwarze Augenbrauen, rote Knollennase, erscheint.

Was soll das? Ist das ein Test, ob der werte Sterbende noch alle Sinne beisammen hat? Oder ist das jetzt schon der Tod? Ganz anders, als man sich ihn vorgestellt hat? Kommt der jetzt als Narr daher?

Darf ich reinkommen?

Was wollen Sie?

Sie besuchen. Visite.

Der Clown zieht die Vorhänge jetzt vollständig zur Seite und schreitet, unbeholfen und zögerlich, als wäre er selbst ebenso verunsichert wie Preindl, Richtung Bett. Bleibt stehen. Sagt nichts.

Kramt dann ziemlich umständlich in der Hosentasche seines schwarzen Anzugs, holt riesige Taschentücher hervor, Bonbons, einen Socken. Stopft alles wieder rein. Schiebt die gleiche Hand jetzt in die andere Hosentasche, über Kreuz. Ein Lächeln huscht über sein Gesicht. Er scheint gefunden zu haben, was er suchte. Langsam zieht er eine Mundharfe heraus.

Ich würde gerne …

Wenn Sie meinen …

Leise, wehmütig, aber auch leicht schwebt eine einfache Melodie durch den Raum. Wie ein Vogel, der unendlich viel Zeit hat.

Als die Melodie verweht ist, fragt der Clown: Wollen Sie reden?

Weiß nicht.

Gibt's nichts mehr zu reden? Schon mit allem abgeschlossen? Auch mit der Freude, dem Lachen gar?

Guter Mann, mir ist nicht zum Lachen.

Ob der Tod keinen Spaß verträgt? Wer weiß es schon? Er rückt seine rote Nase zurecht. Jedenfalls wird er sich wohl nicht beleidigt zurückziehen, nur weil der Sterbende noch mal gelacht hat.

Der traut sich was, denkt Preindl, makabrer Scherz. Lächelt und sagt: Ich hab früher viel gelacht, hab gerne gelacht. In letzter Zeit ist es mir vergangen. Und, nach einer Pause: Komisches Gefühl: die Dinge, über die ich mich in meinem Leben gefreut habe, über die ich gelacht habe, die wird es auch weiterhin geben.

Darf ich mich setzen?

Bitte. Setzen Sie sich.

Der Clown zieht einen kleinen Sessel ans Bett und setzt sich. Also auch damit abgeschlossen? Ganz schön gereift, wie?

Nach der Reife kommt die Fäulnis, Herr Clown.

Der Clown blickt leicht amüsiert und wie fragend, ob er wohl lachen darf. Auf einmal brechen beide in Lachen aus.

Es gibt Witze, denkt Preindl, die nur Sterbende machen dürfen. Und Clowns vielleicht.

Dann ist es ihm aber doch eher nach Weinen. Man kann leider nicht gleichzeitig lachen und weinen.

Man müsste zugleich lachen und weinen können, sagt der Clown. Wenn Sie drüben sind, fragen Sie doch bitte den Lieben Gott, ob er das vielleicht noch anders einrichten kann.

Mach ich.

Sie lächeln sich an, vertraut.

Preindl denkt: Dieser hier versteht vielleicht mehr vom Sterben als mancher Pastorale. Sie schweigen lange. Ein entspanntes Schweigen. Wie wenn man zusammen etwas geschafft hätte.

Der Clown kramt wieder in seiner offenbar unergründlichen Hosentasche.

Bloß jetzt nicht die Seifenblasennummer, denkt Preindl.

Sagt der Clown: Wenn du ein Kind wärst...

– der duzt mich jetzt, denkt Preindl

– könnte ich jetzt die Seifenblasennummer machen.

Preindl wendet das Gesicht zum Fenster. Erinnerungen an Circusvorstellungen, die er als Kind besucht hat. An den Clown, der immer größere Seifenblasen hat aufsteigen lassen und der schließlich selbst in einer Seifenblase verschwand. Preindl weint.

Soll ich?, fragt der Clown leise.

Mach, sagt Preindl.

Der Clown hantiert an seiner Seifenblasendose, ungeschickt. Die Hälfte des Seifenwassers verschüttet er. Er macht ein schamvolles Gesicht, scheint es zu verbergen wollen. Bückt sich. Versucht, das Seifenwasser mit einem seiner Riesentaschentücher aufzuwischen. Rutscht aus, weil er sich auf die Hand, mit der er wischt, gleichzeitig stützt. Der ganze Clown sitzt mit Mal auf dem Boden. Lässt sich aber nicht beirren. Entschlossen versucht er es erneut. Jetzt steigen die ersten Seifenblasen auf. Von rechts her von der Sonne beschienen, von links spiegelt sich das Grün der Flurvorhänge. Einige Seifenblasen platzen gleich. Andere schweben lange durch den Raum. Der Clown rappelt sich hoch. Geht einer Seifenblase vorsichtig hinterher, wie gebannt. Verteilt dabei mit seinen übergroßen Sohlen das Seifenwasser auf dem Fußboden, droht für einen Moment zu rutschen, fängt sich. Das alles ohne den Blick von der Seifenblase zu lassen.

Preindl fragt sich Warum muß ich jetzt an das Grundgesetz denken: Die Würde des Menschen ist unantastbar? Weil man den Satz ergänzen müsste: Außer durch übereifrige Ärzte, gedankenlose Pfleger im Krankenhaus und aufdringliche Besucher, die hierher kommen, um sich zu beweisen, wie salbungsvoll sie reden können. Dieser Mann hier hat Würde. Und er fühlt sich solidarisch mit dem Clown. Ein Verbündeter. Der nimmt mich ernst. Ein fast liebevoller Blick zum Clown hin.

Andererseits, Preindl, sei auf der Hut, dieser Mann ist auch unberechenbar. Unberechenbar wie der Tod. Denn der Clown lässt plötzlich ab von der Seifenblase, die immer noch unter der Decke schwebt, und blickt neugierig

auf den Bücher- und CD-Stapel auf dem Fensterbrett.
 Darf ich?
 Preindl nickt.
Der Clown stöbert durch die CD-Sammlung. Er geht zurück zum Sessel am Bett, vorsichtig, weil der Boden jetzt rutschig ist von der Seife, mit übertrieben hohen Schritten. Er setzt sich. Fängt nun leise an zu singen: *Like a Bird on a Wire* von Leonard Cohen.
 Mann, denkt Preindl, muß das sein? Leonard Cohen – die erste Zeit mit Katrin ... Gleich heule ich schon wieder los. Und bevor er losheulen muß, fragt er: Woher ...?
 Der Clown zeigt mit einer Kopfbewegung zum CD-Stapel hin. Klar, sagt sich Preindl, da sind auch die CDs von Leonard Cohen. Alle. Auch das Brahms-Requiem. Einige Mozartstücke. Und, ja, auch, *Rosenstolz*. Der Clown weiß alles über mich. Ist gut so. Vor dem Clown braucht man sich nicht zu verstecken.
 Mein Survival-Paket, sagt Preindl ernst.
 Der Clown schaut ihn an, ernst, zieht die linke Augenbraue etwas hoch. Preindl merkt erst jetzt, was er gesagt hat. Beide prusten los. Preindl kommt richtig in Fahrt. Wenn ich schon sterben muß, will ich mich wenigstens totlachen, wie mal jemand gesagt hat.
 Der Clown sitzt jetzt ruhig da, lacht nicht mehr mit, schaut aus dem Fenster. Ein Bruder, denkt Preindl.
 Hauptsache, man schleicht sich nicht aus dem Leben, sagt der Clown, sehr ernst.
 Er steht auf. Brauchen Sie noch was?
 Ein Pistazieneis. Es kommt aus Preindl heraus wie aus einer Pistole geschossen. Er ist noch in der Übermütigkeit.
 Der Clown zieht aus seiner rückwärtigen Hosentasche mit wichtiger Miene einen großen Block hervor. Mein Rezeptblock. Schreibt Pistazieneis drauf. Ich werde der

Schwester Bescheid sagen, dass sie das Rezept gleich holt. Er nimmt seine rote Nase ab. Zeigt, dass er sie Preindl geben möchte, zögert. Preindl nickt.

Aufsetzen oder erst mal aufs Bett legen?

Preindl zeigt auf seine Nase.

Der Clown setzt ihm den roten Knollen auf die Nase. Er verabschiedet sich mit einer tiefen Verbeugung, die seltsam ernst gemeint erscheint, keineswegs ironisch. Er versucht beim Rückwärts-Hinausgehen dann noch mal, den Boden zu wischen. Er geht hinaus.

Preindl ist wieder allein. Jetzt mit Schwimmgürtel. Die Traurigkeit ist immer noch da. Aber jetzt eben mit Schwimmgürtel. Preindl weint leise, schluchzt nicht, gibt nur einigen Tränen freien Lauf.

Freiheit, denkt er, Narrenfreiheit.

Die Pflegerin kommt herein. Ihr Eis ist schon bestellt, Herr Preindl. Er hat die rote Nase noch auf, gleichzeitig die Wangen nass. Für die Pflegerin muß es ein komischer Anblick sein, verunsichernd.

Lachen Sie ruhig, sagt Preindl, und fängt selbst an zu lächeln. Sie lachen sowieso zu wenig, entfährt es ihm aus seiner neu verliehenen Narrenfreiheit heraus, Sie sind immer so todernst.

Beide lachen. Laut und ungeniert. Die Tür steht offen. Zwei Kandidaten draußen auf dem Flur stecken die Köpfe herein, wollen sehen, was es zu lachen gibt. Sie sehen Preindl da liegen mit der roten Schaumstoffkugel auf der Nase. Lassen sich anstecken vom Lachen. Alle lachen jetzt.

Dass Sterben immer todernst sein muß, denken nur die, die gerade nicht sterben. Preindl fühlt sich ... lebendiger? – naja, jedenfalls: Als sei etwas ins Fließen gekommen.

Leuchtend schwarze Haare

Ein Herr Preindl lässt sich nicht so schnell kirre machen. Bekanntlich können sich Ärzte auch mal täuschen. Und dass Patientenakten, Röntgenbilder verwechselt werden, hat man ja schon oft gehört. Hat nicht erst kürzlich der Kollege Hinkelberger erzählt, dass ihm von seinem Hausarzt versehentlich ein falsches Rezept ausgestellt wurde? Er brauchte was für seine Gastritis (der Ärmste, er hat ständig Gastritis), bekam aber ein Rheumamittel verschrieben.

Herrn Preindl geht es gut. Er fühlt sich gut. Die Kopfschmerzen sind deutlich seltener geworden, ganz deutlich.

Acht Wochen liegt der Arzttermin jetzt zurück. Was hat er, Herr Preindl, sich nicht verrückt gemacht am Internet, hat alles über Hirntumoren gelesen, hat die Prognosen verglichen auf den verschiedenen Websites; hat nach Behandlungsmethoden gefahndet; hat wieder und wieder nachgelesen über solch schreckliche Aussichten wie zunehmende Lähmungen, Sprachverlust, Bewußtseinseintrübung. Nichts von alle dem ist der Fall. Nicht bei Herrn Preindl. Von wegen *massiver Befund*. Es scheint sich doch hier um einen massiven Irrtum zu handeln, eine massive Fehldiagnose. Bei der Ärztekammer sollte man sich beschweren. So ein Arzt ist ja gemeingefährlich.

Gestern dann der Anruf aus der Praxis. Herr Preindl möge sich für ein paar Tage in der Neurochirurgie einfinden. Man beabsichtige, eine Gewebeprobe zu entnehmen.

Die lassen auch nicht locker. Im Gehirn will man ihm herumstochern. Man will ihn unbedingt zum Kranken machen.

Nicht mit mir, denkt Herr Preindl.

Aber Katrin überredet ihn. Nun gut, warum nicht. Er freut sich schon darauf, deren Gesichter zu sehen, wenn bei dieser Biopsie gar nichts gefunden wird, rein gar nichts nämlich. Eine Entschuldigung wird er dann verlangen.
Als Herr Preindl auf der neurochirurgischen Station ankommt, soll er seinen Pyjama anziehen und sich schon mal ins Bett legen. Was für ein Unsinn. Herr Preindl fühlt sich gut, wenn nicht sogar fit. Warum sollte er sich in ein Krankenbett packen lassen? Sie wollen ihn unbedingt in der Patientenrolle haben, abhängig, wehrlos. Herr Preindl behält seine Kleidung an, setzt sich neben sein Bett auf einen Stuhl, breitet eine mitgebrachte Zeitung aus. Der Zimmerkollege döst offenbar. Hängt an Schläuchen. Übel sieht er aus, wächsern, auf seinem knochigen Schädel nur noch ein paar schwarze Strähnen. Der sieht aus wie ein gerupftes Huhn. Wer weiß, was sie mit ihm gemacht haben. Herr Preindl geht auf den Flur hinaus. Ein paar Patienten schleichen im Bademantel auf und ab, schieben ihr Infusionsgestänge vor sich her. Herr Preindl sucht den Aufenthaltsraum. Nirgends ein Hinweisschild, wo es wohl zum Aufenthaltsraum gehen könnte. Das wird er morgen gleich monieren. Er findet ihn natürlich trotzdem. Er ist ja nicht blöd. Zusammengefallene Gestalten sitzen da, einige lesen, andere starren ins Leere.

Leute, soll ich uns mal einen Espresso besorgen? ruft er in die Runde. Keine Reaktion erst mal. Einer sieht ihn nur erstaunt an. Ein anderer lächelt müde. Eine Frau mit langer Narbe auf der Stirn schüttelt, verzögert und ganz langsam den Kopf, flüstert dann aber (Warum flüstert die?):

Wenn Sie schon zur Cafeteria hinunterfahren, würden Sie mir eine Tafel Marzipanschokolade mitbringen? Wie in Zeitlupe kramt sie in ihrer Bademanteltasche nach ihrer Geldbörse.

Lassen Sie mal. Ich lege es aus. Preindl springt auf, geht forschen Schrittes zum Aufzug.

Da sieht man, dass die sich hier überhaupt nicht um ihre Patienten kümmern. Da muß also erst ein Herr Preindl kommen, damit so eine arme Kranke etwas Schokolade bekommt. Und noch Weitergehendes kommt ihm in den Kopf:

Es müsste Ehrenamtler geben, Leute, die sich um die Patienten kümmern. Nicht nur mit Schokolade. Der eine oder andere braucht ja vielleicht auch mal etwas Zuspruch und Trost. Warum gibt es das hier nicht? Ist eben ein Provinzkrankenhaus. Morgen wird er das beim Stationsarzt anregen.

Am frühen Abend kommt der Anästhesist. Herr Preindl hat sich in seiner normalen Kleidung, mit der er gekommen ist, auf sein Bett gelegt. Er war dann doch etwas müde geworden. Der Anästhesist will ihm den Ablauf des für morgen Nachmittag geplanten Eingriffs erklären. Herrn Preindl braucht man nichts zu erklären. Er hat sich im Internet mehr als schlau gemacht. Zunehmend genervt hört er zu, wartet eigentlich nur, bis der Arzt fertig ist. Dann erschrickt Herr Preindl aber doch noch, als er *Kopf fixieren* hört, *mit Schrauben*. Mit Schrauben!

Ohne mich, sagt Herr Preindl zu dem Arzt.

Die Biopsie läuft computergesteuert ab. Daher muß ihr Kopf absolut ruhig gestellt sein.

Denken Sie sich etwas anders aus, Herr Doktor. So geht´s jedenfalls nicht.

Der Arzt geht hinaus. Offenbar will er sich mit einem Kollegen besprechen. Die werden ja gleich hilflos und müssen einen Kollegen hinzuziehen, wenn man mal etwas hinterfragt.

Herr Preindl muß wieder eingenickt sein. Plötzlich stehen zwei Ärzte vor ihm am Bett, einer hält ihm ein Formular hin. Das soll er unterschreiben. Er liest es erst gar nicht. Wahrscheinlich soll er sich ausliefern mit seiner Unterschrift. Der Anwalt fällt ihm ein, der ihm vor ein paar Jahren bei einem Streit mit seiner Autoversicherung geholfen hat.

Ich kläre das mit meinem Anwalt. Er ist jetzt etwas aufgebracht. Aber nicht mehr heute Abend.

Gut. Bis morgen Vormittag elf Uhr?
Verdächtig, dass die es so eilig haben. Die bekommen bestimmt eine Stange Geld, eine Prämie, wenn sie einen Patienten anbohren. Und was heißt *Patient?* Herr Preindl ist keiner. Es geht ihm gut.

Am nächsten Morgen gegen zehn Uhr kommt die Stationsschwester herein.

Haben Sie mit Ihrem Anwalt gesprochen?
Nein, hat er nicht. Wie denn auch? Erst hieß es, er solle sich bereithalten für die Blutabnahme. Dann haben sie andauernd an dem zerzausten Bettnachbar herumhantiert, der offenbar überhaupt nichts mehr mitbekommt. Mit dem können sie machen, was sie wollen.

Herr Preindl steht wortlos auf. Jetzt reichts. Er packt seine Wäsche ein, seine Zahnbürste. Er zieht sich an und geht. Lässt der Schwester keine Chance, ihn aufzuhalten. Draußen ein herrlicher Spätsommertag. Sonne satt, Vögel zwitschern. In der KiTa neben dem Krankenhaus fröhlicher Kinderlärm. Herr Preindl fühlt sich bestens. Gesund. Frisch. Vital. Jung geradezu. Er kommt an einem Friseurgeschäft vorbei. Ihm fallen die grauen Haare ein, die sich in letzter Zeit an seinen Schläfen zeigen. Katrin zieht ihn schon damit auf. Graue Schläfen passen nicht, wenn man sich jung fühlt. Spontan geht er in den Laden.

Einmal Haare färben, ruft er quer durch den Laden. Man kümmert sich um ihn. Schwarz. Tiefschwarz. Schwarz wie die Spanier ihr Haar haben. Oder die Inder. Die haben tiefschwarze, glänzende Haare. Katrin wird Augen machen. Hat sie nicht immer gesagt, sie habe sich damals in seine vollen schwarzen Haare verliebt? Leuchtend schwarz, hat sie immer gesagt.

86 Euro knöpft ihm der Barbier ab. Der übrigens für einen Barbier erstaunlich schweigsam ist. Danach zu Luigi auf einen Espresso. Luigi redet zwar ohne Punkt und Komma, sagt aber nichts zu Preindls neuem Haar. Naja, Leute, die viel reden, bekommen bekanntlich nicht viel mit.

Während Luigi ihn zuschüttet mit seinem Endlostext, denkt Herr Preindl an den Heilpraktiker, der Linus damals von seiner Migräne befreit hat. Den wird er anrufen, gelegentlich, zur Sicherheit. Ein paar Kügelchen können nichts schaden. Und mit dem Optiker wird er noch mal reden. Wegen der Doppelbilder. Das muß doch mit entsprechenden Gläsern zu korrigieren sein. Eine schicke Brille wird er sich aussuchen. Etwas Modernes.

Als Herr Preindl nachhause kommt, ist keiner da. Er ruft Maxe an, seinen Kumpel seit Studientagen. Jetzt ist ihm einfach nach Plaudern. Als Maxe fragt, was denn bei der Biopsie herausgekommen sei, antwortet Herr Preindl:

Hab mich geweigert. Die wollen doch nur Kasse machen. Ich fühl mich ja gut. Bestens fühl ich mich. Und weißt du was, um Katrin zu überraschen, hab ich mir meine schwarzen Haare wieder herrichten lassen.

Wie – herrichten?

Naja, etwas Farbe dran geben lassen.

Schweigen in der Leitung.

Maxe? Bist du noch dran?

Du solltest zu einem anderen Arzt gehen. Eine zweite Meinung einholen.

Wozu? Damit die Medizin noch mehr an mir verdient?

Wieder schweigt Maxe.

Maxe, hast du heute Abend Zeit für ein Bierchen, im Casa zum Beispiel?

Also, heute ist es schlecht. Caro beschwert sich schon, dass ich bald jeden Abend weg bin. Der Sport, du weißt.

Samstag?

Du, Samstag wollten wir unsere Garage aufräumen.

Der ist ein Spießer geworden. Der lässt sich von seiner Frau herumkommandieren.

Schon klar, sagt Preindl.

Tut mir leid …

Geht klar.

Herrn Preindl zieht es nach draußen. Ein Extrastreifzug mit Rudi wird beiden gut tun. Auf der Hundewiese trifft er die, die man da immer trifft und mit denen man immer in ein Schwätzchen kommt. Der erste, der mit dem Chow-Chow, sieht ihn lange ruhig an, sagt aber nichts. Dann nur:

Hallo, und geht weiter.

Gut, dann nicht. Der zweite, der seinem Hund ständig Kommandos zuruft, die dieser aber systematisch ignoriert, fragt:

Na, heute frei?

Blöde Frage. Denkt der, Herr Preindl hätte sich aus der Arbeit davon geschlichen?

Was machen die Kopfschmerzen? fragt er noch.

Geht ganz gut. Die Ärzte können mir nicht helfen. Aber ich kenne da einen Heilpraktiker …

Der Kommandotyp scheint es heute eilig zu haben.

Dann alles Gute, ruft er schon im Weggehen.
Dann läuft die vornehme alte Dame mit ihrem ebenso vornehm einherschreitenden grauen Afghanen auf.

Oh, Herr Preindl, hätte sie fast nicht wiedererkannt. Wieder jung geworden? sagt sie und mustert seine Haare.

Herr Preindl würde sich jetzt gerne mit ihr auf die Bank setzen, die Hunde sich selbst überlassen, wie sie das schon oft getan haben, und ein wenig plaudern. Aber die Alte will offenbar zügig weitergehen. Grüßen Sie Ihre Frau, sagt sie noch und zieht ihren adligen Köter hinter sich her.

Frau Sedlaczek und
der Sinn des Lebens

Wenn er Zeit hat, nach dem Einkaufen oder wenn er von der Arbeit nachhause kommt, geht Preindl zum Krankenhaus, fährt in den fünften Stock zur onkologischen Station hinauf. Will herausfinden, ob man den nahen Tod riechen kann.

Es ist sehr ruhig dort oben. Ruhiger, so kommt es ihm vor, als auf den anderen Stationen weiter unten. Selten trifft er auf eine Schwester und immer auf eine andere. Sie beachten ihn nicht, halten ihn wohl für einen Besucher. Preindl geht langsam über den Flur, bis zum Ende, wieder zurück. Und versucht, den Geruch einzufangen. Kann man die Nähe des Todes riechen?

Kann man. Irgendwann hat er es heraus. Der Tod riecht etwas süßlich, ungefähr wie leicht angefaulte Äpfel. Verführerisch eigentlich und gefährlich. Selbst wenn gerade die Putzfrau den Flur wischt. Dann bekommt man zusätzlich einen Zitrusgeruch in die Nase. Aber der Geruch angefaulter Äpfel bleibt.

Der Putzfrau ist er aufgefallen. Sie ist die einzige, die er regelmäßig antrifft. Beim vierten oder fünften Mal, wenn er über den Flur geht, fragt sie ihn:

Wen suchen Sie denn?

Was soll er antworten? Etwa: Mich selbst in der Nähe des Todes? Er antwortet nicht, stellt sich nur vor:

Preindl mein Name.

Sedlaczek, Sofia, sagt sie und geht ins nächste Krankenzimmer.

Auf dem Weg nachhause stellt er sich vor, wie er selbst als terminaler Patient auf der Onkologie liegt: Visite. Ein superdynamischer junger Arzt mit einem Tross von Schwestern und Medizinstudenten rauscht ins Zimmer herein.

Wie geht es Ihnen? Und er fragt es so strahlend und siegesgewiss, als müsste nun eine besonders glückselige Antwort folgen, mindestens so etwas wie: Ihre Tabletten haben großartig gewirkt. Ich fühle mich viel besser. Ich sterbe jetzt richtig gerne.

Preindl sagt nur: Bin im Endspurt.

Der Arzt überhört es und redet, mehr zu seinem Gefolge gewandt als zu Preindl, von einem internationalen Onkologenkongress in Toronto. Erst gestern sei er zurückgekommen. Ganz neue Methoden der Behandlung bei Hirntumoren seien da diskutiert worden. Er sei jetzt auf dem absolut neuesten Stand. Dann, zu Preindl, aber doch wieder eher zu seinem mitgebrachten Publikum:

Wir verfügen hier über die allerneuesten Behandlungstechniken. Wir sind ständig auf dem Laufenden über die allerneuesten Forschungen. Ich beantworte Ihnen jede Frage.

Preindl: Gut. – Was ist der Sinn des Lebens?

Der Jungdynamiker weicht einen Schritt zurück, lächelt etwas gequält. Sein Kopf dreht sich Richtung Publikum, während seine Augen auf Preindl gerichtet bleiben, als müsse man ihn im Auge behalten.

Nun, wir haben hier eine bestens ausgebildete Krankenhausseelsorgerin, Frau … äh … Frau …, jetzt blickt er hilfesuchend zu den Schwestern. Diese sehen sich gegenseitig an, wissen es im Moment auch nicht.

Ich würde … ich denke … Also, ich werde ihr Bescheid sagen. Dann fühlt er schnell Preindls Puls, was zwar sinnlos ist, weil es die Stationsschwester vor einer halben

Stunde schon getan und den Wert ins Krankenblatt eingetragen hat, was ihm aber augenscheinlich wieder festen Boden unter die Füße gibt. Er murmelt etwas zu seinem Anhang und schreitet dann mit sehr kraftvollen Schritten hinaus. Die anderen schlurfen hinterher.

Für einen Moment wieder allein. Was ist, wenn das Leben keinen Sinn hat, die Schmerzen, das Leid, auch die Freuden keinen Sinn haben?

Da kommt Frau Sedlaczek herein. Sie zieht ihren Putzwagen hinter sich her und beginnt gleich, mit dem Wischmop den Boden zu bearbeiten. Und ohne aufzusehen sagt sie:

Da hat es aber einer eilig gehabt.

Ich hab ihn nur gefragt, was der Sinn des Lebens ist. Pause. Er wusste es nicht.

Frau Sedlaczek wischt den Fußboden mit System. Nach jedem zweiten Zug mit dem Wischmop taucht sie ihn erst in die hintere Kammer ihres Doppeleimers, dann in die vordere, presst sodann über einen Fußhebel das überschüssige Wasser aus und setzt dann zu den nächsten beiden Zügen an.

Wissen Sie´s, Frau Sedlaczek?

In aller Ruhe arbeitet sie sich weiter vor. Sie tut es offenbar seit Jahren, wenn nicht seit Jahrzehnten. Frau Sedlaczek ist alt, trotzdem sieht man keine ihr beschwerlichen Bewegungen, sondern sichere, fließende, feste Bewegungen.

Sie antwortet nicht auf seine Frage, sondern lächelt ihn freundlich an, ja warmherzig.

Warum, Frau Sedlaczek, fragt man nach dem Sinn des Lebens erst, wenn es zuende geht? Warum nicht im Urlaub? Warum nicht, wenn wir mit einer Zeitung auf dem Sofa sitzen? Wäre es nicht besser, der Mensch würde am

Anfang seines Lebens danach fragen ...?

... um dann danach zu handeln?

Eine mit dem Wischmop schwer zu erreichende Ecke zwischen Nachtschränkchen und Wand beansprucht ihre Aufmerksamkeit. Sie kniet sich nieder und bearbeitet die Problemzone mit einem Handlappen, nicht ohne sich vorher Gummihandschuhe übergezogen zu haben.

Am Ende der Schulzeit müsste es ein Fach geben, das *Sinn des Lebens* heißt, damit die jungen Leute lernen, rechtzeitig zu fragen. Wenn sie den Gang durch ihr Leben beginnen. Oder ist Sinnfindung, Sinngebung erst am Ende möglich, im Rückblick? Erst hinterher soll man erkennen können, wie alles zusammenhing und zusammengehörte? Was meinen Sie Frau Sedlaczek?

Sie antwortet nicht, denn sie weiß, dass Preindl noch nicht fertig ist.

Ich hab´s versucht. Dabei habe ich herausgefunden, dass mein Leben zu fünfzig Prozent aus Überflüssigem bestand. Fünfzig Prozent der Lebenszeit vertan, vergeudet mit flachster Unterhaltung, sinnloser Rechthaberei, Leerlauf.

Frau Sedlaczek sagt immer noch nichts. Sie putzt nur. Ob es ihr Beruf oder eine Berufung ist, sie putzt einfach. Hat für jede Unreinlichkeitssituation das passende Instrument mit, einen Flachmop zum Beispiel, mit dem sie unter den Schrank reicht, mehrere Handlappen, einen für das Tischchen, wenn dort Ränder von Saftgläsern kleben; einen für die Fensterbank, wenn da tote Fliegen liegen, die ja prinzipiell, bevor oder während sie verenden, noch mal kacken.

Also die Hälfte meines Lebens. Mein Schicksal hätte vielleicht mehr für mich bereitgehalten. So bleibt es unerfüllt, unausgeschöpft. Es bleibt ein Rest. Das Ende der Biographie – ist es auch das Ende des Schicksals? Was meinen sie, Frau Sedlaczek?

Beim einen mehr, beim anderen weniger, sagt sie, ohne von ihrem Interesse an ihrer Tätigkeit abgelenkt zu sein.

Und was mich noch mehr verstört: Soll man den Sinn des Lebens finden oder soll man dem Leben einen Sinn geben?

Dass man es lebt, sagt sie.

Wie?

Dass man es lebt, das Leben, wie es ist, vielleicht ist das der Sinn.

Und wenn es nun nicht nur um einen Sinn des Lebens geht, sondern das Leben sogar ein Ziel hätte? Etwas, das man erreichen sollte?

Stille. Beziehungsweise Lärm, denn Frau Sedlaczek geht mit dem Handsauger über die Ritzen zwischen Fußleisten und Wand.

Und wenn es erreicht ist, kann man abtreten? Oder wie ist das gedacht? Wenn man aber vorher stirbt, bevor es erreicht ist …? Bekommt man dann Ärger im Himmel? Und was ist, wenn man es erreicht hat – mal angenommen, man würde es kennen –, stirbt aber erst mal nicht?

Pause.

Frau Sedlaczek wischt Tischchen und Fensterbank trocken. Soll ich Ihnen einen Tee bringen?, sagt sie.

Ich glaube, ich bin neugierig auf den Tod, also auf das, was danach kommt. Ich erhoffe mir, Preindl ist jetzt feierlich zumute, dass ich, wenn ich drüben bin, endlich verstehe, die Zusammenhänge verstehe, Gründe verstehe. Warum sind Katrin und ich nie aus unserer Kleinstadt herausgekommen? Während die anderen, mit denen wir aufgewachsen sind, inzwischen fast alle mindestens in Mailand, in Oslo oder in Seoul arbeiten und leben. Und warum sind wir nach der Firmung unseres zweiten Kindes nie wieder in die Kirche gegangen. Muß ich jetzt ohne Gott sterben?

Das lassen Sie mal seine Sorge sein. Frau Sedlaczek wischt jetzt im Bad den Spiegel. Man hört das Quietschen des Fensterleders.

Und wenn ich drüben bin, will ich meinen Engel befragen: Warum gibt es Streit und Krieg und Verwüstung, Herr Engel?

Frau Sedlaczek ist jetzt dazu übergegangen, mit einem speziellen Tuch die Türgriffe abzuwischen.

Vielleicht weiß er es. Aber ob er es Ihnen erklären kann? sagt sie. Sie ist mit Preindls Zimmer durch. Sie packt ihre Wischmops und Tücher zusammen.

Preindl: Ja, ich gehe mit Interesse, mit Neugier in die andere Welt.

Es hat ja auch niemand gesagt, dass man dem Tod feindlich gegenüber stehen sollte, ruft Frau Sedlaczek, schon fast draußen. Sie schiebt ihren Putzwagen hinaus und schließt die Tür.

Herrn Preindls Beerdigungen

Preindl versucht, sich seine Beerdigung vorzustellen. Geht erst nicht. Machen sonst auch nur Selbstmörder. Preindl wird aber von einem Hirntumor ermordet werden. Trotzdem, geh auf Beerdigungen, sieh dir Trauerfeiern an. Freitagvormittag auf dem Städtischen Friedhof. Eine große Trauergemeinde hat sich vor der Kapelle versammelt. Preindl stellt sich einfach dazu. Er wird nicht auffallen, da hier offensichtlich nicht jeder jeden kennt. Einige gehen einzeln in einen Nebeneingang hinein. Kommen nach drei Minuten wieder heraus. Preindl reiht sich ein. Betritt einen schmalen Flur, die Luft ist gekühlt. Von da aus geht es in einen geöffneten Raum. Da liegt der Leichnam, aufgebahrt, der Sarg ist offen. Ein Mensch, circa 50, fremd, doch seltsam nah. Ein Bruder im Tod. Preindl empfindet so etwas wie Solidarität mit dem Leichnam. Auch wenn man ihn herausgeputzt und durchgestylt hat, als ginge es zu einem Empfang. Schwarzer Anzug natürlich, eine sehr schicke und edle Krawatte. Preindl bleibt nur einen Moment. *Bis bald,* sagt er im Stillen und geht hinaus, mischt sich wieder unter die Trauergesellschaft. Die Flügeltüren zur Kapelle öffnen sich. Im gleichen Moment donnert innen Orgelmusik los. Preindl setzt sich in die letzte Reihe. Der Trauerredner wirkt etwas hilflos. Warum ein Mensch oft so plötzlich aus dem Leben gerissen wird, weiß er auch nicht, sagt er. Ganz vorn sitzt die Witwe. Sie und die anderen Traurigen machen einen verlorenen Eindruck, je länger der Trauerredner spricht, umso mehr. Geradezu erleichtert und schnell steht man auf, als die Zeremonie beendet ist. Was man daran erkennen soll, dass die Orgel abrupt abbricht.

Bei meiner Beerdigung bitte keine Orgel, denkt Preindl, eher so etwas wie *Bird on a wire* von Leonard Cohen. Die Trauergemeinde wartet jetzt vor der Kapelle auf den Sarg. Er wird auf einem Wagen herausgefahren. Vier skurrile Gestalten heben den Sarg hoch. Ihre Anzüge sitzen schlecht, die Hosenbeine sind zu kurz. Die Zylinder auf ihren Köpfen sollen eine Feierlichkeit darstellen, der die Bartstoppeln derselben Köpfe aber widersprechen. Die Träger scheinen schlecht oder zu wenig geschlafen zu haben. Ihre Bewegungen sind langsam, man weiß nicht, ob aus Feierlichkeit oder weil sie noch müde sind. Preindl geht ein Stück Wegs mit, als sich der Trauerzug aufmacht. Es fällt auf, dass vor jeder Kreuzung der Träger rechts vorne sich räuspert, ein Mal oder zwei Mal. Preindl erkennt das System: Ein Mal räuspern heißt *Schwenkt rechts*, zwei Mal räuspern heißt *Schwenkt links*, gar nicht räuspern heißt *Geradeaus*.

Es ist eben alles geregelt. Ein objektiver Ablauf, von der Aufbahrung über die Trauerfeier und den Gang zur Grabstelle bis zur Grablegung selbst. Von den Angehörigen und Trauergästen wird nichts als passives Mitmachen erwartet. Die Beerdigung ist ihnen aus der Hand genommen. Bitte das Rundum-Sorglos-Paket nicht durcheinanderbringen. Alle Beerdigungen und Trauerfeiern, die Preindl besucht, laufen gleich ab. Gibt es keine Möglichkeit für die Hinterbliebenen, irgendetwas daran selbst zu gestalten? Wäre das nicht hilfreich?

Andererseits: Preindl bekommt bei diesen Expeditionen auch Leichname zu Gesicht, bei denen der Gestaltungswille Angehöriger durchgedreht ist. Eine Frau hat man in ihrem Sarg derart aufgemotzt, dass sie wie eine Nutte aussieht, knallrot die Lippen, jede Menge Schminke im Gesicht, die Augenbrauen überzeichnet. Vereinzelt erreicht die Ausstaffierung der Leiche Comedyniveau: Einem alten Mann hat man eine, seine, Brille aufgesetzt. Damit er die Gebrauchsanweisung fürs Jenseits besser lesen kann?

Warum wird der Leichnam derart hochgehübscht? Will man damit den Hinterbliebenen den Abschied erleichtern, indem man den Toten so herausputzt, als lebe er noch? Schon das eine Täuschung: Kein Toter hat zu seinen Lebzeiten so künstlich ausgesehen, wie er nun da im Sarg liegt. Wäre es nicht natürlicher, fragt sich Preindl, wenn der Leichnam nackt, nur mit einem Lendentuch bedeckt, im Sarg läge? Wenn man seinen von Alter, Krankheit oder Unfall zerstörten Körper sehen würde? Man würde sehen und sinnlich verstehen, warum dieser Mensch gestorben ist. Es wäre sicher ein hässlicher Anblick, andererseits ein ehrlicher, wahrer. Denn nichts macht uns so nackt wie der Tod – und die Geburt.

Wie wird deine Beerdigung ablaufen, Preindl? Wohl auch so standardisiert. Ich werde auf jeden Fall Katrin bitten, dass sie mich nicht so ausstaffieren, als ginge es gleich zur Goldenen Hochzeit von Onkel Heinz und Tante Mia. Wenigstens soll man mir meinen alten Wollpullover überziehen, der inzwischen fast mehr aus Lederflicken besteht als aus Wolle. Und auf der Trauerfeier bitte kein Gesülze. Bei der Grablegung keine Dramen wie kürzlich gesehen, als die Witwe sich auf den Sarg warf, der noch neben der Grube stand, und schrie: Papi, Papi, verlass mich nicht!

Dummerweise vergehen mit den Lebensfunktionen auch Hören und Sehen. Du bekommst nicht mit, was sie mit dir veranstalten. Aber nehmen wir mal an, du kannst von da oben auf eine andere Art doch hören, was den Leuten bei deiner Beerdigung durch den Kopf geht. Kann doch sein. Dann würdest du zum Beispiel feststellen, dass der Kollege Stratmann gekommen ist, von dem du das nie angenommen hättest. Der sich immer etwas distanziert und unpersönlich gegeben hat. Nie ein privates Wort. Du hörst, wie er tief betroffen ist. Wie er deinen Tod als schmerzhaften Verlust empfindet. Wie er bereut, sich nie privat zu dir geäußert zu haben. Es wird dir ein warmes Gefühl geben, dort oben.

Du hörst auch die immer neugierige Nachbarin von gegenüber, wie sie die anderen Trauergäste mustert und versucht herauszufinden, wer *wer* ist. Wie ihre Aufmerksamkeit sich an eine Kollegin von dir heftet und sie gleich denkt:

Das muß seine heimliche Geliebte gewesen sein. Und wie sie zu Katrin schwenkt:

Große Trauer, Frau Preindl. Aber dass Ihnen das Haus jetzt alleine gehört, dürfte weniger schmerzlich sein.

Du hörst auch Katrin selbst und hörst Worte wie *unvorstellbar* und *Zusammengehörigkeit ist mehr als Liebe*, aber auch: Seine Versicherungen hätte er ja noch ordnen können, wenn er sich schon auf den Tod so ausführlich vorbereitet hat.

Und du hörst Rudi. Rudi hat sich wahrscheinlich direkt an der Grube abgelegt und denkt: Also doch kein Ausflug. Irgendetwas stimmt hier nicht.

Auch Herr Kowalski ist zu hören. Er kommt, weil es die Etikette verlangt. Der kühle Personalchef.

Jetzt liegt der alte Querkopf in der Grube, hörst du ihn, eine Nervensäge weniger.

Nein, Preindl, es muß auch anders gehen. Wie wäre es, ich würde im Wortsinne noch einmal nachhause kommen? Ich könnte festlegen, dass sie mich in dem Dorf beerdigen, in dem ich geboren und aufgewachsen bin. Die Kapelle dort ist klein. Sie steht mitten im Ort, schon seit langem allerdings etwas schüchtern wirkend, weil direkt daneben ein imposanter Sparkassenbau hochgezogen wurde. Der Friedhof, was ich schon als kleiner Junge komisch fand, liegt am Dorfrand, auf dem Weg zu den Feldern.

Schon vor der Aussegnung steht das ganze Dorf parat, auch Leute, die ich nur noch flüchtig kennengelernt habe. Sie unterhalten sich über meine Krankengeschichte oder jedenfalls über das, was sie darüber gehört haben, und wie gut es sei, dass ich jetzt zurückkomme. Der alte Jacobus, den ich schon damals als alten Mann angesehen habe, er muß jetzt über Neunzig sein, meint, so ein Tumor komme vom umtriebigen und unübersichtlichen Stadtleben. Wäre der Junge hier geblieben, hätte er keinen Tumor bekommen.

Bitte keine Predigt, aber lasst mich Abschied nehmen: Jeder soll noch einmal an meinen offenen Sarg treten. Danke für Blumen. Danke für letzte Worte.
Jetzt holen die Handwerker des Dorfes einen frisch geölten Handwagen aus der Feuerwehrscheune hinter der Kapelle. Sie schultern meinen Sarg, heben ihn vom Katafalk auf den Wagen. Erst in gedämpfter Stimmung, bald aber in angeregter Atmosphäre bewegt sich der Zug durch die Frühjahrssonne. Die Handwerker scheinen um das Steuern des großen Wagens fast zu konkurrieren. Jeder will mal. Sie nehmen auch nicht den direkten Weg zum Friedhof, vielmehr geht es durch die schmalen Gassen, an den alten Fachwerkhäusern vorbei, in denen früher der Bäcker, der Schuster, der Schlachter ihre Läden hatten und in denen heute Versicherungen, Maklerbüros oder ambulante Pflegedienste ihre Filialen haben. Schließlich am Dorfbach entlang. Zuletzt noch über den Hof des letzten Dorfbauern und durch seinen seit jeher offenen Rinderstall. Selbst der

Zuchtbulle ist beeindruckt von der Würde und Selbstverständlichkeit, mit der diese lange Reihe von Schwarzgekleideten an seiner Box vorbeizieht.

Wieder draußen begleiten jetzt Vögel den Zug. Gleichzeitigkeit von Leben und Tod: Die Gefiederten legen die Strecke vom Bauernhof zum Friedhof mehrfach zurück, hin und her fliegend, flink und leicht, als wollten sie den Weg zeigen. Hier unten der sich verlangsamende Zug mit dem großen Handwagen, der jetzt über das Kopfsteinpflaster poltert. Einer öffnet die schweren Flügel des Metalltores am Eingang. Dies mit einem Ernst, einer Würde und Ruhe, als würde Petrus selbst das Himmelstor öffnen.

Die Handwerker schultern den Sarg und schreiten im Gleichschritt zur Grube. Sie haben den Tag davor die Kanthölzer über die offene Grube gelegt und den Grubenrand mit Bohlen gesichert. Sie legen den Sarg auf die Kanthölzer ab, so dass er über der Tiefe schwebt, und für einen Moment sieht es so aus, als steige er in den Himmel hinauf.

Jetzt der Geistliche. Während er die Gebete spricht und das geweihte Wasser sprüht, dessen Tröpfchen in der Sonne funkeln wie kleine Sterne, versucht er, auf den Bohlen um den Grubenrand zu schreiten. Diese sind vom gestrigen Regen noch nass und rutschig, so dass es wie ein riskantes Ballett aussieht. Als er den Weihrauch entzündet, nehmen die Rauchwolken die Seele mit hinauf in den Bilderbuchhimmel. Ansprachen. Gedenkworte. Die Handwerker skandieren in dunklem Männerbass einen gereimten Spruch. Adieu.

Zu kitschig, Preindl? Wenn Nachhausekommen kitschig ist ... Wie wäre es stattdessen mit einer kleinen, intimen Abschiedsfeier unter Freunden? Draußen, an der Flussbiegung, wo wir früher immer geangelt haben. Frank, Dodo, Tom und du selbst. Neuerdings darf man ja doch die Asche mit nachhause nehmen, wenn man sie in den eigenen Garten einbringen will. Nehmt meine Asche, versammelt euch am Ufer. Macht ein Picknick, Leute. Dodo und Frank sind da, Tom wohl nicht, der ist nach Australien ausgewandert. Noch ein paar Nachbarn, mit denen du dich gut verstanden hast. Katrin, Lara, Linus. Rudi auch. Singt mit, wenn Dodo auf seiner Trompete *Time to say goodbye* spielt. Etwas Schmalz darf sein. Lacht. Erzählt euch Episoden aus meinem, unserem Leben. Wir haben genug zusammen erlebt. Öffnet die Urne, auch wenn es verboten ist. Lasst die Asche in den Fluss rieseln. Nehmt es als Bild dafür, dass auch dieser kleine Tropfen Bewußtsein, den Herr Preindl *Ich* nannte, jetzt im großen, ewigen Wasser aufgeht, in endgültigem Einklang mit dem All. Oder amüsiert euch darüber, dass bald die Fische die Reste von mir wegschmatzen werden. Macht ein Fest daraus. Feiert, dass ich gelebt habe. Dodo soll unsere Songs spielen, Katrins und meine Songs, die wir früher zusammen gesungen haben, wenn wir in den Urlaub gefahren sind in dem uralten Käfer mit dem Brezelfenster hinten. Ihr sollt tanzen. Ihr dürft tanzen. Dort auf der Wiese am Fluss. Linus, der sicher erst sehr still ist, zieht mit Mal die rote Nasenknolle aus seiner Tasche, die der Hospizclown mir dagelassen hatte, und setzt sie sich auf. Ihr seid kurz erschrocken. Dann lacht ihr alle aus vollem Herzen. So helft ihr mir, mich zu bedanken bei euch, für eure vollen Herzen, für alles.

Letzte Tage

Deine letzten Tage, Preindl. Ehe die Sinne schwinden, schärfen sie sich noch einmal. Wie Angsttriebe eines sterbenden Baumes. Im Park des Krankenhauses fallen die Blätter. Du siehst es nicht nur, du erlebst es an dir selbst mit, bis zum Schmerz: als würden dir die Blätter die Haut vom Leibe reißen. Das Geräusch des Tablettwagens, den die Schwester über den Flur schiebt, bohrt sich durch das Ohr bis ins Gehirn. Wenn der dickliche Pfleger dich anfasst, meinst du, eine ölig-schmutzige Schicht auf deinem Leib zu spüren. Sein Schweißgeruch scheint deine Nasenschleimhäute wie in Abwehr anschwellen zu lassen.

Deine Sinnesorgane können dich vor keinem Angriff mehr schützen. Also wirst du dich in dich selbst zurückziehen. Ein weiterer Schritt des Abschieds. Katrin und die Kinder kommen noch zu Besuch. Das ist gut so. Aber eigentlich hast du sie bereits zurückgelassen. Du ahnst nicht, du weißt, das Ende steht unmittelbar bevor.

Es ist die Verabredung mit Katrin gewesen: Sie wollte zunächst, dass du zuhause dein Leben beschließt. Nein, im Krankenhaus, hast du gesagt. Erstens möchtest du Katrin nicht zur Last fallen. Sie müsste sich ja wohl rund um die Uhr um dich kümmern. Zweitens möchtest du deine Ruhe haben, hast du zu ihr gesagt. Sorry. Keine Alltagsgeräusche mehr, kein Klingeln des Postboten, keine Anrufe mehr, kein Fernsehen mithören müssen, das im Nebenzimmer läuft. Kein Klappern des Geschirrs und des Bestecks. Du gibst das Zeichen, wenn es Zeit ist für den letzten Aufenthalt im Krankenhaus, hast du gesagt. Es ist kein Abgeschoben-Werden. Andere mögen zuhause sterben wollen. Was dich betrifft, so bist du sicher, dass du dich besser lösen kannst, wenn du nicht mehr zuhause bist. Du möchtest keine Fragen mehr haben: Wer hat angerufen? Wieso klappert es im Heizungsrohr? Nur im Krankenhaus kannst du dich ganz in dich selbst zurückziehen.

Erst ist jeder Sinneseindruck eine Zumutung, bald aber vergehen die Sinne. Du spürst, riechst, siehst kaum noch etwas. Nur das Gehör, es lässt dich nicht in Ruhe. Es erlischt zuletzt, wie es schon beim Embryo als erster Sinn erwacht.

Wie hilflos wirst du sein? Wieviel Kraft wird es dich kosten, die Schnabeltasse zum Mund zu führen? Oder müssen das andere für dich tun? Wie demütigend wird es sein, Stuhlgang und Blase nicht mehr kontrollieren zu können? Wie wirst du dich am Schluss benehmen? Wirst du dummes Zeug faseln? Unverständliches? Katrin und die Kinder werden es ertragen müssen, oder sie müssen weggehen.

Muß der Tod eine schwere Geburt sein? Wäre es nicht wünschenswert, die letzten Tage hinweg zu dämmern? Oder ist es doch besser, bis zum Schluss bei Bewusstsein zu sein? Wenn du wegdämmerst, ist es mit der Selbstbestimmung und der Würde vorbei. Dann musst du dich darauf verlassen, dass andere im Sinne deiner Selbstbestimmung und zur Bewahrung deiner Würde für dich, an dir, handeln. Aber da du in deinem Dämmer auch dies nicht mehr weißt, ist es darum nicht schon ein Tod vor dem Tod? Du bist dann nur noch ein biologischer, hilfloser Gegenstand, ohne Würde. Bist nicht mehr Herr deines Sterbens.

Nur wenn du bei Bewusstsein bist, kannst du in Freiheit

und Würde dein Sterben erfahren. Es mitvollziehen. Im anderen Fall ist es dir genommen.

Sie mögen an dir herumhantieren, Infusionen vielleicht, Pflege deines Intimbereichs, dich waschen. Aber das ist nur äußerlich. Es mag unangenehm sein, aber es ist nur physisch. Und das Physische hat keine Bedeutung mehr. Äußerlich bist du ein Objekt. Vielleicht versuchen sie noch, dir irgendein Essen einzuflößen, Passiertes. Wie von weit her hörst du, wie über Sondenernährung diskutiert wird. Du willst aber seit Tagen schon nicht mehr essen. Trinken auch nicht. Nur deine Lippen sollen sie befeuchten. Möglicherweise erwartet Katrin, dass du noch bedeutsame letzte Worte sprichst. Wenn überhaupt, flüsterst du halbe Sätze wie *Koffer packen* oder *den Bus nicht verpassen*. Und sie denkt, du bist schon verwirrt. Aber du sagst damit nur, sagst ihr, dass du weißt, dass es zuende ist.

Du wirst dich auch gegen Trostversuche oder Versuche der Aufmunterung wehren. Dass du annimmst, was ist, das ist der Trost.

Bitte nicht mehr Geschäftigkeit um mich herum als unbedingt nötig. Es ist mein Sterben. Enteignet mich nicht. Lasst mich in Ruhe. Ich habe keine Fragen mehr. Und keine Bedürfnisse. Ich habe keine Angst mehr. Ich bin abhängig und doch frei.

Lasst mich in Ruhe den inneren Bildern nachgehen. Erinnerungen werden schattenhaft auftreten. Erinnerungen an Hilflosigkeit wahrscheinlich. Als kleiner Junge hattest du Angst vor Schnecken. Wenn eine Schnecke über den Weg lief, mußte dich dein Vater darüber hinweg tragen. Oder Erinnerung an Gras und Sandstrand. Wie du mit nackten Füßen über morgenfrisches Gras gegangen bist. Oder über den heißen Sand am Strand. Solche Erinnerungen tauchen noch mal kurz auf, verblassen. Dann sind sie weg. Für immer.

Dazwischen Bilder, die sich gegen ihre Auflösung wehren: Der Moment, als Katrin vom Auto erfasst und quer über die Straße geschleudert wurde. Du dachtest nur noch: Wie soll ich es den Kindern sagen? So ein Bild verblasst nicht. Schiebt sich immer wieder in den Vordergrund. – Der Streit damals mit deiner Cousine um das Erbe unserer Großmutter. Monatelang. Nur noch wüste Gedanken, bis zum Hass.

Bilder, die du nicht mitnehmen willst. Aber wenn du sie nicht mitnimmst, bleiben sie hier, auf der Erde, belästigen womöglich andere. Gespenster der Vergangenheit.

Am Schluss in der Warteschleife. Immer wieder kurzes Einschlafen, wieder Aufschrecken: Erstaunen, dass du immer noch lebst. Du schließt in Erwartung die Augen. Nicht mehr nach draußen sehen. Katrin noch spüren, wie sie deine Hand hält.

Ankunft der Barke

Und schließlich deine letzte Stunde, Preindl? Wie ist sie vorstellbar? Und willst du sie überhaupt bewußt erleben oder wäre es gnädiger, du würdest, sagen wir, sang- und klanglos, verdämmern? Sodann: Willst du alleine sein oder würde dir die Gegenwart deiner Familie Halt geben? Ist man in den entscheidendsten Momenten nicht ohnehin einsam, auch wenn noch so viele Menschen gegenwärtig sind? Es ist wie bei der Geburt, bei schweren Entscheidungen, beim Schaffen des Künstlers. Das Eigentliche geschieht in Einsamkeit. Du bist ausschließlich auf dich gestellt. Wenn du das wach erleben willst, brauchst du Mut. Mut angesichts des Abgrunds aus Ungewissheit. Auch wie der Maler, der ein Bild beginnt und nicht weiß, was ihn erwartet.

Wenn du bei Bewusstsein bist, ist es absolut dein Moment. Die Angehörigen mögen gefasst an deinem Bett sitzen oder, sich abwechselnd, deine Hand halten, auf dem Flur auf und ab gehen, sich in die Cafeteria zurückziehen. In deiner letzten Stunde weiß niemand, was in dir vorgeht. Schon deshalb bist zu allein.

Es wird womöglich eher darauf ankommen, ob sie dich loslassen können. Ob Katrin darauf wartet, dass ihr noch etwas Wesentliches zum Abschied einfällt, oder ob sie, vielleicht nur in ihrem Herzen zu dir spricht, dir eine gute Reise wünscht?

Oder Angehörige warten angespannt, bis es endlich vorbei ist, und schämen sich gleichzeitig über ihre Ungeduld.

Du wirst das alles nicht mehr konkret auffassen, höchstens das Athmosphärische, ob Friede anwesend ist oder Angst, unterdrückte Unruhe im Raum ist. Vielleicht ist deine letzte Stunde für deine Familie eine größere Herausforderung als für dich selbst. Sie müssen hinterher damit zurechtkommen, du bist, wenn überhaupt, in einem anderen Universum. Du hast es hinter dir, sie nicht.

Sicher wirst du den Wunsch nach Nähe haben, nach ruhiger Berührung. Aber wenn du bei Bewusstsein bist, musst du entscheiden, nein, anerkennen, dass du ab jetzt in der endgültigsten Weise alleine bist. Womöglich ein letzter Akt der Selbstbestimmtheit. Oder es fällt einfach von alleine alles von dir ab, erreicht dich nicht mehr, auch die letzten Berührungen nicht mehr.

Die letzte Stunde bewußt mitzuerleben, bedeutet aber auch, dass du dein eigenes Vergehen, die Auflösung deiner Leibesfunktionen, miterlebst. Willst du das? Dein Leib ist kalt, Füße und Hände sind schon bläulich. Deine Atmung erst flach, unregelmäßig, dann rasselnd. Dein Mund steht offen. Breiige Laute quellen unkontrolliert daraus hervor. Schmerzen wirst du keine mehr haben, du bist abgefüllt mit Opiaten, der Todeskampf ist vorbei, aber eine immer wieder aufflackernde Unruhe sticht in deinen Leib. Du würdest miterleben, wie deine Arme und Beine, dir schon fremd geworden, in sinnlosen Bewegungen zucken. Du spürst den kalten Schweiß auf deiner Stirn. Ein elementares Frieren hat dich erfasst.

Du fühlst den Abgrund, einen Sog, fühlst, wie du dich selbst verlierst. Einerseits hochkonzentriert, andererseits, zugleich, wie in Trance, gebannt von den Bildern, die jetzt immer näher kommen. Bilder, die Heimkehr versprechen.

Ein Rabe sitzt am Fenster. Man sagt, der Sterbende sehe sich am Eingang eines Tunnels, an dessen Ende ein unfassbares Licht auf ihn wartet. Die einen sagen, es sei ein Vorausblick in die andere Welt, andere, es sei ein rein physiologisch ausgelöster Rausch, weil das Gehirn mit Endorphinen überflutet werde und der eskalierende Sauerstoffmangel es lähmt. Ist es ein Widerspruch? Wäre es möglich, dass beides stimmt? Dass die auf den Abgrund hin galoppierende Physiologie dir ein Fenster öffnet?

Als Kind, du warst fünf oder sechs Jahre alt, als deine Eltern mit dir während eines Urlaubs an der Loire an einem späten Abend zu einem hell angestrahlten und von innen leuchtenden Schloss gegangen sind, erst über eine Brücke, dann einen kleinen Berg hinauf, da erfasste und überwältigte dich die Gewissheit, hier geht es zum Himmel. Angst und zugleich ein Sog dahin erfassten dich. So soll es sein in der letzten Stunde: Hinter samtener Dunkelheit, die über einem Fluss aufsteigt, erkennst du immer deutlicher einen hell erleuchteten Palast von unbegreiflicher Schönheit. Rot leuchtend außen, von innen her ein geheimnisvolles Smaragdgrün. Gibt es dafür eine Sprache? Nein, nur Musik. Du hörst eine Musik. Keine von Irdischen komponierte. Es ist ein Teppich aus wärmsten Klängen, schwebend, der dich in seine Geborgenheit aufnimmt.

Auf dem Fluss zeichnet sich immer klarer eine Barke ab. Sie fährt langsam heran. Sie gilt dir, sie will dich abholen. Überlebensgroß steht eine Gestalt auf der Barke. Es ist der Fährmann. Verschwommen erst. Dann erkennst du sein weites Gewand, grau-blau. Sieht so ein Engel aus? Jetzt erkennst du auch sein Gesicht. Kein menschliches. Überirdisch. Dennoch wie deines, nur seltsam vollständig. Absolut dein Gesicht. Du selbst in Absolutheit. Schon enthoben irdischer Einseitigkeiten. Das Gesicht von dir, wenn du gewesen wärst, was du hättest sein können. Die Augen strahlend, wie du nie in deinem Leben gestrahlt hast. Kein

Mund. Aber gerade dies vermittelt den Eindruck von Vollständigkeit. Dann, rot-orange, in der Mitte des Gesichts, eine Knospe, gleich blüht sie auf.

Jetzt der deutliche Wunsch, man möge das Fenster öffnen, weit. Du bist bereit. Katrin geht für einen Moment aus dem Raum. Du wirst sie nie vergessen. Wenn sie zurückkommt, bist du eingestiegen.

Bitte keine Frau Ungestrüp mehr

Besucher. Besucher. Preindl wird es bald zu viel. Anfangs willkommene Abwechslung, ziehen ihm einige Besucher bald eher Kraft ab, als dass sie Kraft geben. Preindl ist krankgeschrieben, zuhause. Versucht zu regeln und zu klären, was zu regeln und zu klären ist. Wieviel Witwenrente wird Katrin bekommen? Er erstellt eine Liste von Formalitäten, die Katrin wird in die Hand nehmen müssen. Erbschein beantragen. Alle Versicherungen umschreiben. Seinen Handyvertrag kündigen.

Es klingelt. Einige kommen tatsächlich unangemeldet. Wollen Mitgefühl zeigen oder sind einfach nur neugierig und zudringlich. Manche reden um den heißen Brei. Sind vielleicht hilflos. Oder feige. Reden irgendwas, dies aber mit großer innerer Distanz. Klar, Leute. Seid vorsichtig. Der Tod ist ansteckend. Preindl fühlt sich nach solchen Besuchen schlecht. Zur Würde des Sterbenden gehört auch die Ehrlichkeit der Anderen. Unehrlichkeit beschädigt deine Selbstbestimmung.

Komisch, wer sich alles auf einmal für Preindl interessiert. Zwei Hundebekanntschaften, die Preindl bei den Ausgängen mit Rudi oft trifft, tauchen auf. Bringen Blumen und gehen bald wieder. Interessant ist vor allem, wer nicht kommt. Kollegen, mit denen man sich nach Feierabend schon mal zum Sport und auf ein Bier getroffen hat und die man in die Kategorie *fast Freunde* eingestuft hätte, sind von der Bildfläche verschwunden. Ebenso Piet vom Angelverein, der immer besonders jovial unterwegs ist.

Der Freundeskreis schrumpft. Andererseits intensivieren sich einige Bekanntschaften, von denen man das nicht erwartet hätte. Ehepaar Schlegel, das hinter dem Angelteich wohnt und mit dem man nur hin und wieder mal geplaudert hatte, bringt jede Woche einen Korb Äpfel vom eigenen Garten. Warum Äpfel? Keine Ahnung. Ist aber eine schöne Geste, empfindet Preindl.

Trotzdem: Mit der Zeit möchte Preindl lieber alleine sein. Früher war Sterben öffentlich. Nicht nur die gesamte Familie, das Dorf hat Anteil genommen und war zugegen. Preindl kann sich das für sich nicht vorstellen. Es heißt, Sterben sei jetzt privat geworden. Privat bis verborgen, wenn nicht versteckt. Kann sein. Was aber Preindl betrifft, so möchte er sich verbergen. Sagen wir, außer vor den alten Freunden, Wolfo, Harry, Carlo, Beti.

Katrin meint, Preindl solle die Leute einladen. Es könnte für einige Nachbarn oder Kollegen hilfreich sein.

Bin ich die Fürsorge?

Die möchten vielleicht Abschied nehmen.

Meine Damen und Herren Abschiednehmenwollende, wann genau wäre dafür der richtige Zeitpunkt? Am Sterbebett? Da wollte ich euch, mit Verlaub, aber nicht mehr sehen. Jetzt? Und wenn ich dann nach dem Abschied noch ein paar Monate lebe? Preindl stellt sich vor, er trifft Familie Strupkow am Gartenzaun oder auf dem Markt, Wochen nach deren Abschiedsbesuch. Was sagt man dann? Tschuldigung, hat mit dem Sterben jetzt doch nicht so schnell geklappt?

Die Besucher sind von fünferlei Art, stellt Preindl fest: Erstens der Pflichtbesucher. Der Betrieb schickt zwecks förmlicher Anteilnahme Herrn Zylla. Ausgerechnet. Wieso den? Der vertrocknetste, der sich in der ganzen Firma finden lässt. Preindl hat sich schon immer gefragt, ob der überhaupt weiß, dass er lebt. In hölzernen Worten überbringt er, nebst einem unverhältnismäßigen Blumenstrauß, *das aufrichtige Mitgefühl* der Geschäftsleitung. Er spricht wie mit gespreizten Beinen, als hätte er einen Rhetorikkurs abgebrochen. Oder er hat seine Ansprache vorher auswendig gelernt und dann die Hälfte vergessen. Katrin bietet ihm von dem Nudelsalat an, den sie am Morgen gemacht hat. Herr Zylla nimmt gerne an, befasst sich zwei Minuten schweigend mit dem Nudelsalat. Danach fällt ihm nichts mehr ein. Tja, hinter einem Nudelsalat kann der Abgrund lauern. Herr Zylla bringt es fertig, Preindl am Ende seines skurrilen Besuches *Gute Besserung* zu wünschen.

Zweitens ist da die *Es hätte noch viel schlimmer kommen können*-Fraktion. Gerade solche Primaten laufen hier ein, als hätten sie ein Anrecht darauf. Dabei sind sie nur neugierig. Sie haben offenbar ein natürliches Recht darauf, an der jeweils aktuellsten Sensation teilzunehmen, dabei gewesen zu sein. Hast du schon gehört? Der Preindl von Nummer 11 macht es nicht mehr lange. Also nichts wie hin.

Beispiel: Frau Ungestrüp. Es klingelt. Da steht sie, überdimensional von Figur, vor der Haustür. Ihre roten, leuchtenden Apfelbacken signalisieren ihre Sensationsgier. Ihr kleiner grauer Mann steht hinter ihr. Sie seien auf dem Weg zum Supermarkt, da dachten sie ...

Wertes asymmetrisches Ehepaar Ungestrüp. Ihr seid noch niemals hier aufgelaufen. Man hat sich mal auf der Straße, mal im Ort getroffen und man hat geplaudert. Jetzt aber: Wir wollten sehen, wie es Ihnen geht. Als ob sie dafür zuständig wären.

Und dann, du hast noch nicht deinen zweiten Satz beendet von wegen *Geht so. Aktuell keine Beschwerden ...*, schüttet sie ihre Variante von Tröstung über dich aus:

Mein Schwippschwager ist damals elend an Knochenkrebs zugrunde gegangen. Entsetzliche Schmerzen hatte der. Und richtig verunstaltet war er zum Schluss.

Soll also heißen, du kannst heilfroh sein, dass du an einem Hirntumor stirbst und nicht an einem deinen Körper zerfressenden Knochenkrebs. Danke. Da atmet man ja richtig auf.

Katrin, die von der Küche aus mithört, kommt herein und sagt: Danke für Ihren Besuch. Aber ich glaube, mein Mann braucht jetzt wieder Ruhe.

Das hätte sie mal besser nicht gesagt. Denn, jede Wette, Frau Ungestrüp wird ab sofort in der ganzen Nachbarschaft erzählen: Also, wir waren beide da. Er sieht schlecht aus. Gibt es aber nicht zu. Er ist sehr geschwächt. Nach fünf Minuten Besuch braucht er seine Ruhe. Wird wohl nicht mehr lange gehen.

Drittens die Salbungsvollen. Sie sprechen schon so, als würden sie für deinen Nachruf proben. *Schicksal* ist das mindeste. Und *Es trifft immer die Falschen.*

So, so, sagt Preindl, wen hätte es denn treffen sollen?

Also ... immer die Verdienstvollen. Der Kollege, der schon immer jede Menge Sprüche getan hat, wird unruhig, sucht nach noch gewaltigeren Worten. *Erdenkreislauf* fällt ihm ein. Glückwunsch. Und dann noch *die Bestimmung des Menschen.*

Lass stecken, Junge. Du nimmst nicht Anteil, vielmehr hast du Angst vor der Anteilnahme. Und versteckst das hinter maßlosen Wortgetümen.

Und viertens die Mitleidigen. Sie tun Preindl leid. Ehrlich. Sie sind irgendwie hilflos. Preindl verspürt bei solchen Besuchern regelmäßig den Impuls, sie zu trösten, bietet Kaffee und Kuchen an, will zeigen, dass auch in seiner

Situation noch ein Stück Normalität möglich ist. Manche greifen das dankbar auf und retten sich in die an Katrin gerichtete Frage nach dem Rezept: Was haben Sie da alles reingetan? Anderen erscheint es pietätlos, angesichts eines Todgeweihten sich an Apfelkuchen mit Schlagsahne gütlich zu tun. Sie brechen bald wieder auf und fragen sich wahrscheinlich, wie sich Frau Preindl mit Kuchenbacken beschäftigen kann, wo ihr Mann doch im Sterben liegt. Dass er nicht liegt, sondern sitzt, und dass er sich gerne über Katrins Apfelkuchen hermacht, entgeht ihnen. Auch Mitleid kann dir die Selbstbestimmtheit beschädigen.

Fünftens: Die auf die Dauer – naja, was heißt hier *Dauer?* – einzig sinnvollen Besucher sind die Freunde. Die alten und diejenigen, die in dieser Situation Freunde wurden. Du kannst offen mit ihnen sprechen. Sie halten es aus. Auch sie selbst sprechen offen. Du hältst es nicht nur aus. Es tut dir gut. Und wenn man offen gesprochen hat, kann man den Anlass des Besuchs auch wieder in den Hintergrund stellen und sich über ganz normale Dinge unterhalten, den Ölpreis, den diesjährigen Fischfang drüben im Waldteich, Politisches. Sie haben einen wachen Humor. Harry vorneweg, Freund seit Schultagen, der Künstler, der Schreinermeister ist, aber ständig voller verrückter Ideen steckt. Mit ihm befreundet zu sein, ist seit vielen Jahren eine einzige Inspiration. Einmal entwickelt er, ungefragt, Design-Ideen für das Grab.

Auf so was bin ich noch nicht gekommen, sagt Preindl.

Du warst schon immer ein Spätentwickler, entgegnet Harry.

Mit herzlichen Frechheiten kommst du jedenfalls besser zurecht als mit Neugier und Mitleid.
Und, eindeutig, Emily, fünfjährige Tochter von Harry und Greta, ist die ehrlichste:

Onkel Preindl, stirbst du bald?

Ja.

Kommst du dann zum lieben Gott?

Ja.

Kannst du machen, dass der liebe Gott dem Hennes verbietet, mich immer zu ärgern?

Ich kann ihn darum bitten.

Kannst du auch fragen, warum ich immer noch nicht das rosa Fahrrad bekommen habe?

Mach ich.

Kann ich die Kuckucksuhr von Opa haben, wenn du gestorben bist? Die auf deinem Dachboden.

Wenn Katrin einverstanden ist.

Glaub schon. Die kennt mich ja. Und soll ich für dich beten, wenn du tot bist?

Das wäre natürlich sehr schön.

Emily steht auf, um nach draußen zu Rudi zu gehen, der im Garten Phantome jagt.

Schöne Grüße an den lieben Gott.

Richt´ ich aus.

Herr Preindl kündigt Gott

Preindl ist zornig. Zornig, weil er sterben soll. Zum Tode verurteilt. Was wollen die alle noch von ihm? Noch diese Untersuchung, noch jene. Vielleicht darf es auch noch eine Darmspiegelung sein, damit man noch mehr Geld an ihm verdient? Täglich ein EEG. Gestern zwei Stunden darauf gewartet. Acht Uhr war angekündigt. Um zehn Uhr hat man sich dann bequemt. Jetzt ist es zehn vor elf. Natürlich. In diesem Krankenhaus klappt einfach gar nichts. Für halb elf war der Krankenhausseelsorger angemeldet. Was soll ich mit einem Pastor?, hat er zur Schwester gesagt. Ich brauche keine Religion mehr.

Preindl geht auf dem Stationsflur auf und ab, die gläserne Eingangstür immer im Blick. Jetzt schwingt sie auf.

Da sind Sie ja endlich.

Was wollen Sie eigentlich von mir? Bei mir ist nichts mehr zu machen. Komischerweise bin ich kerngesund. Ich fühle mich gesund. Bis auf die Kopfschmerzen. Und neuerdings epileptische Anfälle. Ich bin nicht krank. Ich bin zum Sterben verurteilt. Kommen Sie herein, hier ist mein Zimmer. Setzen Sie sich. Möchten Sie etwas trinken? Ich kann Ihnen nur Mineralwasser anbieten. Das schmeckt hier allerdings wie eingeschlafene Füße. Man spart hier an allem. Haben Sie eine Vorstellung, wie das ist, wenn man sein Leben plötzlich abbrechen soll? Wir hatten Pläne, meine Frau und ich. Wir wollten das Dachgeschoss ausbauen. Die Konstruktionszeichnungen hab ich selbst angefertigt. Moderne Dämmung. Trotzdem sollten die alten Balken sichtbar bleiben. Alles für die Katz. Alles, was man sich aufgebaut hat. In der Nachbarschaft, im Angelclub. Alles muß ich zurücklassen. Auch Fragen muß ich zurücklassen wie die, ob unser Sohn Linus in Kanada zurechtkommt. Unerledigtes muß man liegen lassen. Im Betrieb war ich mit Umstrukturierungsmassnahmen befasst. Habe Verbesserungsvorschläge eingereicht. Damit wird sich jetzt wohl ein Anderer schmücken. Zum Beispiel der schmierige Walter. Ein Speichellecker. Wieso muß ich sterben? Der Tod ist ohne Sinn, Herr Pastor, das sage ich Ihnen. Jede Religion, die etwas anderes behauptet, macht sich lächerlich. Wir sind immer in die Kirche gegangen. Bis ich durchschaut habe, dass mir das nichts nützt. Man hört sich fromme, weltfremde Sprüche an. Da wird alles schöngeredet. Ich muß mich konzentrieren. Mein Gegner ist der Tod. Ich kann mich jetzt nicht mehr mit Firelefanz beschäftigen. Auch wenn ich weiß, dass er gewinnen wird. Was wollen Sie überhaupt von mir?

Sehen, ob Sie etwas brauchen.

Sie haben Humor. Was ich brauche, können Sie mir nicht geben: mein Leben nämlich. Einmal habe ich so einem Geistlichen vertraut. Hab naiver Weise gedacht, er könnte mir helfen. Ein Schamane, wissen Sie. Er gab ein Healing-Wochenende. Im Schwarzwald war das. Der Mann schien mir ungeheure Energien zu haben. Wir waren acht Teilnehmer, Todeskandidaten und chronisch Kranke. Die Rituale haben mir eine Kraft gegeben, wie ich sie schon lange nicht mehr erlebt hatte. Ich spürte, wie es mir von Stunde zu Stunde besser ging. Ich fühlte, wie der Tumor schrumpfte. Dann auf der Rückfahrt, im Zug, der erste epileptische Anfall. Nun wusste ich, dass ich einem Scharlatan aufgesessen war. Der Tumor so faustdick wie vorher. Das Schicksal hat mir diese Faust ins Gehirn geknallt.

Jetzt macht mir keiner mehr was vor. Es braucht auch keiner zu versuchen, mich zu trösten. Es gibt keinen Trost. Alles, was ich noch regeln wollte, auch was ich wieder einrenken wollte in meinem Leben, ist zerschmettert von dieser Faust. Ich falle allen zur Last. Sie werden alle froh sein, wenn ich endlich diesen Planeten verlassen habe. Den Planeten der Enttäuschungen. Schon hier im Krankenhaus geht es los: Die Ärzte kümmern sich nicht wirklich. Die haben mich abgeschrieben. Ziehen ihre Routinen durch. Die interessieren sich nicht für den konkreten Menschen. Dann das Essen hier: Eine Katastrophe. Alles nur gelblich-bräunlich und lauwarm. Selbst in China bekommt der zum Tode Verurteilte am Ende noch seine Lieblingsmahlzeit. Hier bringt Ihnen der Henker einen faden Einheitsbrei. Und das um elf Uhr. Welcher Mensch isst denn um elf Uhr zu Mittag? Es ist nur, damit sie ihre Abläufe ungestreift durchziehen können. Rücksicht sieht anders aus. Ich habe um ein ruhiges Zimmer gebeten. Dieses hier geht zur Straße raus. Ich möchte nicht ständig mitanhören müssen, wie die Leute zur Arbeit gehen, schnattern, als wäre alles in Ordnung. Ich muß mich ständig entscheiden zwischen Lärm und Mief. Abgelehnt. Ich habe darum gebeten, mich nicht schon um sechs Uhr zu wecken. Abgelehnt. Und wissen Sie, warum? Weil die Putzfrau um sechs Uhr in die Zimmer muß. `Muß´ mit Anführungszeichen. Und wenn ich dann genervt in den Aufenthaltsraum rüber gehe, muß ich mir das Gekreische von Kindern aus der KiTa nebenan anhören. Und dämliches Vogelgezwitscher. Ich lehne Vogelgezwitscher ab. Nein, Herr Pastor, ich wüsste nicht, was Sie für mich tun könnten. Was tun Sie denn normalerweise hier?

Ich höre zu. Besuche und begleite, wenn es gewünscht wird. Gebe die letzte Ölung.

Kommen Sie mir nicht damit. Was soll der Mummenschanz?

Soll ich es Ihnen erklären?

Also, mich ölen Sie nicht. Wie läuft so eine letzte Ölung eigentlich ab?

Der Patient wird an Stirn und Händen mit geweihtem Olivenöl gesalbt. Ich bete für ihn oder mit ihm. Berichte ihm vom Erbarmen Gottes. Ein Ministrant …

Da können sie den Chefarzt nehmen. Der hat hier offensichtlich nichts zu tun. Hab ihn noch kein Mal gesehen. Der schäkert nur mit den Schwesterschülerinnen herum. Und was soll so eine Salbung?

Durch die Salbung verbindet sich die Seele noch einmal mit dem Leib. Es ist wie beim Abschied von einem Freund. Man umarmt sich, um sodann umso entschlossener loslassen zu können. Die Seele umarmt noch einmal den Leib.

Ich pfeife auf meinen Leib. Er hat mich verraten.

Eine Kerze brennt …

Und Sie glauben an solchen Schnickschnack? Naja, Sie werden ja auch dafür bezahlt. Also, richten Sie Ihrem Gott aus, dass ich ihm kündige. Ich glaube nicht mehr an ihn. Er nimmt mir alles. Alles, was ich geliebt habe.

Jetzt sind Sie zornig. Aber Sie werden in Liebe empfangen werden.

Der Pastor steht auf. Darf ich Ihnen eine Kerze hierlassen?

Legen Sie sie da auf den Tisch zu dem anderen Krempel.

Preindl ist wieder allein. Er setzt sich auf sein Bett. Er sieht die Kerze lange an. Anzünden schadet nichts, denkt er. Keine Streichhölzer. Er geht ins Schwesternzimmer.

Streichhölzer haben Sie hier wohl auch nicht?

Eine Schwester gibt ihm eine Schachtel Streichhölzer. Preindl zündet die Kerze an, legt sich im Bademantel auf sein Bett. Schläft ein.

Sterbehilfe

Dein Tumor ist ein netter Tumor. Er streut nicht in andere Körperregionen. Er zerquetscht und zerfrisst nur langsam von innen her dein Gehirn. Dein Gehirn wird nach und nach zu Mus werden. Deine Bewegungsmöglichkeiten werden schrittweise zurückgefahren. Die Nerven in deinem Körper werden immer weniger kommunizieren können mit deinem Gehirn. Absehbar wirst du zwar keine primären Schmerzen haben. Nur immer hilfloser wirst du werden. Und allmählich verblöden.

Scham. Es ist Scham, dass du dich mit der Möglichkeit der Sterbehilfe befasst. Andere mögen Sterbehilfe in Anspruch nehmen aus unerträglichen Schmerzen heraus. Bei dir ist es die Scham. Willst du deinen Kindern zumuten mitanzusehen, wie du immer blöder wirst? Sollen deine Freunde Zeugen werden, wie dein Sprechen zerfließt, bis du dann eines Tages nur noch lallst? Soll Katrin einen Mann immer weiter pflegen, dessen Hirn nur noch Brei ist?

Der Tumor wird dir peu à peu deine Autonomie entziehen. Schrittweise wird er die Macht übernehmen. Ist es also nicht autonomer, den Schlußpunkt selbst zu bestimmen, solange man überhaupt noch etwas bestimmen und entscheiden kann? Ist auch das noch gestaltbar? Oder muß man am Schluss sich alles aus der Hand nehmen lassen, von der Krankheit, von der Medizin, und sich nur noch vom Todeskampf beherrschen lassen?

Katrin wäre nicht einverstanden. Sie wäre nicht nur nicht

einverstanden, sie würde es ablehnen. Sie wäre nicht bereit, dabei zu sein in diesem letzten Augenblick, wenn du den Cocktail nimmst.

Unvorstellbar, gegen Katrins Willen in die Schweiz zum Sterben zu fahren. Trotzdem. Es hat immerhin etwas Beruhigendes, zu wissen, dass es Sterbehilfe überhaupt gibt. In Holland kann man sogar aktive Sterbehilfe bekommen. In der Schweiz bieten Vereine passive Sterbehilfe an. *Passiv* bezieht sich auf den, der dabei ist, ein Vertreter des Vereins, der auch das Gift besorgt, oder ein Freund. Wer sich hier den Tod holen möchte, muß selber der Aktive sein. Du musst in der Lage sein, dir selbst den letzten Trunk, Natrium-Pentobarbital zum Beispiel, zum Munde zu führen oder wenigstens mit einem Röhrchen aufzusaugen. Die Szene wird gefilmt. Skurrile Vorstellung. Sie wird gefilmt aus juristischen Gründen. Damit hinterher keiner unterstellen kann, der Sterbehelfer sei es gewesen, der den Schierlingsbecher an deine Lippen geführt hat.

Erst einmal musst du zahlen: Der Eintritt in so einen Verein kostet 200 Franken. 80 Franken der Jahresbeitrag. Deinen Sterbewunsch musst du schriftlich und ausführlich begründen. Ärztliche Berichte, MRT-Bilder und dergleichen sind beizulegen. Es ist eine Bewerbung. Du bewirbst dich um den Tod.

Und wenn deine Bewerbung dann angenommen ist – wer würde dich begleiten? Harry? Harry würde die Seriosität solcher Sterbehilfevereine in Frage stellen, würde rein geschäftliche Motive unterstellen. Bertram? Er würde wahrscheinlich deinen Sterbewunsch anzweifeln. Er würde sagen, der Sterbewunsch könnte Ausdruck einer Depression sein, einer Krankheit mithin, die das klare und freie Denken einschränkt. Also sei es eben kein freier, kein autonomer Beschluss. Carlo würde darauf hinweisen, dass nahezu alle Menschen, die einen Suizidversuch überlebt haben, letztlich froh waren, wieder ins Leben zurückkehren zu können. Aber, lieber Carlo, in welches Leben denn zurückkehren? Wenn man doch ohnehin todgeweiht ist.

Kannst du überhaupt einen Freund bitten, mitzufahren und im letzten Augenblick anwesend zu sein, zuzusehen, wie du dich umbringst? Wie wird er später damit leben? Schuldgefühle könnten ihn quälen, dir den Becher nicht aus der Hand geschlagen zu haben.

Ja, Scham ist für Herrn Preindl der entscheidende Punkt. Scham über den Verlust der Kontrolle über den eigenen Körper, den eigenen Geist. Katrin sagt:

Scham ist ein soziales Phänomen. Sie spielt sich immer zwischen Menschen ab, in einer Beziehung, in einer Menschengruppe, deren Normen und Erwartungen der sich Schämende verletzt hat.

Das hast du irgendwo gelesen. Was soll es für mich heißen?, fragst du sie.

Dass du dich in dieser Scham über Kontrollverlust nicht einschließen darfst. Nicht einschließen kannst. Zur Scham gehören immer mindestens zwei.

Wenn jetzt Frau Pastorin auf den Punkt kommen würde?

Dein Gegenüber kann dich von deiner Scham befreien. Wenn ich zum Beispiel, deine Frau, dir sage, dass ein finaler Kontrollverlust keine Erwartungen oder Normen meinerseits verletzt, sondern dass das für mich zu deinem Ende, zu dir, zu uns gehört, so brauchst du dich nicht zu schämen.

Du willst jetzt nicht behaupten, dass du, schon seit wir zusammen sind, ein solches klägliches Ende von mir immer eingerechnet hast.

Nein. Aber die Fäden, die unser beider Leben zu einem gemeinsamen verknüpfen, wurden ja immer mehr und fester, je länger wir zusammen sind. Und dies, was du nun befürchtest, Kontrollverlust bei fortschreitender Krankheit, gehört auch zu diesen Fäden.

Unerträgliche Schmerzen. Würdest du das als Berechtigung zur Sterbehilfe akzeptieren?

Ich würde all deine Freunde, alle Menschen, mit denen du gerne zusammen warst, herbeirufen, damit alle dich in den Arm nehmen können, dir vorsingen, vorlesen, für dich kochen, deine Lieblingsgerichte ...

Hilfe! Und wenn ich das gar nicht will?

In dem Maß, wie deine Autonomie schwindet, vielleicht auch deine geistige, wächst meine Verantwortung wie auch die deiner Freunde für dich und deine Würde.

Würde im Sterben kann doch nicht heißen, ein qualvolles Sterben hinnehmen zu müssen.

Wir verteilen diese Qual, das Erleben dieser Qual, auf viele Schultern.

Preindl denkt: Sie ist eigensinnig, lässt dir deinen Tod nicht. Aber gleichzeitig bist du erleichtert.

Du denkst, sagt Katrin, ich sei zu eigensinnig, dir deinen Tod zu lassen. Aber gleichzeitig bist du erleichtert über meine Eigensinnigkeit. An dieser Stelle zumindest.

Preindl macht sich auf zu einem Spaziergang mit Rudi.

Eine Geburt

Im Nebenzimmer geht es mit Rosalie zu Ende. Unruhe auf dem Flur. Preindl sieht von seinem Bett aus den Pfarrer mit seinem Koffer, aufgeregt schon im Flur in Empfang genommen von Rosalies Mann. Die letzte Ölung steht an. Hier im Hospiz darf man hinzukommen, wenn die Sterbenden einverstanden sind. Rosalie hat ihn schon vor zwei Wochen sogar gebeten, dabei zu sein.

Soll ich hin? Soll ich nicht? Will ich? Preindl ist erst unschlüssig. Er weiß auch noch nicht, ob er für sich selbst eine letzte Ölung möchte. Wie auch immer, Preindl, mach dich auf. Rosalie hat darum gebeten.

Er steht auf, zieht seinen Bademantel über. Geht hinüber. Rosalies Zimmer ist völlig überheizt. Die Luft ist schwül, feucht. Rosalie liegt sehr friedlich da, die Augen geschlossen. Sie hat sich etwas zur Seite gedreht, sich eingerollt. Sie atmet tief und gleichmäßig. Ihr Gesicht, das in den letzten Tagen fahl und eingefallen war, erscheint jetzt rosig, die Haut glatt. Sie wirkt sehr klein. Wie sie da eingerollt und zart liegt, wirkt sie wie ein Säugling. Preindl empfindet den Raum unwillkürlich wie eine übergroße Gebärmutter. Nur die grünen Vorhänge passen nicht.

Der Pfarrer packt seine Utensilien aus, legt ein weißes Tuch über ein Tischchen, eine Kerze darauf im Halter, ein Gefäß für das Öl, legt seine Gewänder an. Rosalies Mann ist da und ihre fünfzehnjährige Tochter. Diese eher nüchtern-sachlich, beobachtend. Der Ehemann aber flatterig, kämpft mit den Tränen. Dass er ministrieren kann, gibt ihm Halt. Er stellt sich etwas ungeschickt und unkonzentriert an. Der Pfarrer lässt sich nicht aus der Ruhe bringen. Eine große Kerze wird angezündet. Duft von Olivenöl breitet sich aus. Weihnachtsstimmung. Preindl kommt die Krippe vors innere Auge.

Eine Geburt, denkt er. Der Tod ist als Hebamme unterwegs.

Als der Pfarrer geht, bleibt der Ehemann völlig verzweifelt zurück. Er klammert sich an seine Tochter. Rosalie atmet jetzt heftig, aber weiterhin gleichmäßig.

Preindl möchte Rosalie noch ein Mal berühren, wie man ein Neugeborenes berühren möchte.

Er geht in sein Zimmer zurück, seltsam erfüllt von dem Vorgang. Sterben kann offenbar auch ein schöner Vorgang sein.

Anruf bei Frau Brosch

Preindl liegt auf dem Sofa. Mehr geht auch kaum mehr. Die Beine versagen ihren Dienst, knicken ihm weg, sobald er sie belastet. Selbst Sitzen ist kaum möglich. Ohne seitliche Stützen durch dicke Kissen würde er umkippen. Die Beine können den zum Sitzen notwendigen Gegendruck nicht mehr aufbringen. Das Badezimmer ist unendlich weit weg. An manchen Tagen nützen auch die Krücken nicht und er erreicht die Toilette nur noch auf dem Hintern robbend und schaukelnd. Die Spaziergänge mit Rudi sind schon lange Vergangenheit.

Dieser legt sich neben dem Sofa auf dem Teppich ab, die Schnauze flach aufgelegt. Er wartet geduldig, bis Katrin von der Arbeit zurückkommt, um mit ihm rausgehen zu können.

Preindl liegt auf dem Sofa und sinniert. Unterhält sich dabei manchmal mit Rudi. Den Fernseher schaltet er kaum noch ein. Fernsehen ist anstrengend geworden. Zu viele Bilder, zu schnell.

Preindl liegt auf dem Sofa und verfolgt, wie sich im Garten die Kronen seiner Obstbäume wiegen im Wind. Mit Mal durchflutet ihn ein wohliges Gefühl. Nachdem er vor wenigen Tagen erst sich in sein Schicksal gefügt, sein baldiges Ende akzeptiert hat, nun diese gelöste Stimmung: Ich bin frei. Absolut frei. Entbürdet von allen Aufgaben, Pflichten, Verantwortungen betrittst du eine Sphäre vollständiger Freiheit. Es ist die Freiheit des Unschuldigen. Wenn du zum Tode verurteilt bist, wirst du eben dadurch unschuldig. Und frei. Alles ist möglich.

Rudi brummt etwas.

Was sagst du?

Was du mit dieser Freiheit machen willst.

Ich kann autonome Entscheidungen treffen. Zum Beispiel kann ich entscheiden, keine Medikamente mehr zu nehmen. Sie gehen mir auf die Nerven. Das Antiepileptikum. Die Wasser ziehende Tablette gegen das Hirnödem. Die Pillen gegen die Nebenwirkungen.

Du würdest wieder Anfälle bekommen, der Hirndruck kann steigen. Dann bist du keineswegs mehr frei.

Ich bin frei, es zu versuchen. Zu versuchen, ob es auch ohne geht. Die ganze Behandlung geht an mir vorbei. Man schaltet mich aus. Die Anfallsmedikation macht mich müde und dämmrig. Ich habe in letzter Zeit das Gefühl, man nimmt mir mein Sterben. Ich bin nur noch ein medizinischer Fall. Ein aussichtsloser zwar, aber für die Ärzte immer noch ein Objekt ihres Handwerks.

Überleg dir das noch mal.

Und ich bin frei zur Hoffnung. Auch wenn es zum Schluss nur noch die Hoffnung ist, dass das alles einen Sinn macht. Und dass Katrin zurechtkommt. Diese Hoffnung kann ich wählen und sie ist unzerstörbar.

Vergiss nicht zu trinken. Du musst viel trinken zu deinen Medikamenten.

Eben. Und muß deswegen ständig pinkeln. Und weißt du, was mir klar wird? Soeben? Auf einmal kann ich, darf ich mich an den unscheinbarsten Dingen freuen, die ich früher gar nicht beachtet hatte im Getriebe des Alltags.

Du wirkst gelöst.

Sag ich ja. Die Endlichkeit vor Augen, lieber Rudi, kann ich jetzt wertschätzen, was mir früher selbstverständlich erschien. Zum Beispiel, dass es dieses Mineralwasser hier gibt. Die Natur hat es hervorgebracht. Stell dir vor, es ist

Hunderte von Kilometern geflossen, über Felsen, Talstürze, durchs Erdreich, durch Kieselschichten bis hin zur Quelle an einem Bergsaum, wo wir es aufnehmen können, es entgegennehmen, möchte ich fast sagen.

Du musst zur Toilette, sagt Rudi.

Will jetzt nicht. Erinnerst du dich an den Streit mit Schroeders, als ich den Gartenzaun versehentlich zu weit auf ihr Grundstück gesetzt hatte? Monatelang hat man sich angegiftet, sich gegenseitig der Erbsenzählerei bezichtigt, bis Schroeder einen Anwalt nahm. Der kam zum Ortstermin, sah sich die Bescherung an – und lachte lauthals. Wir sowohl wie Schroeders waren stinkesauer. Es ging um fünf Zentimeter. Fünf! Der Anwalt fand das lächerlich. Was ihn nicht daran gehindert hat, ein fettes Honorar einzufordern. Nach dem Vergleich hat man monatelang nicht miteinander gesprochen. Jetzt auf einmal, heute, finde ich die ganze Geschichte urkomisch, skurril. – Oder als ich damals durch die Prüfung gerauscht bin. Harry und ich wollten als Hobby Lachse züchten und dann verkaufen. Es gibt einen Lehrgang dafür, der eben mit einer Prüfung abschließt. Ohne die bekommt man die Lizenz nicht. Jedenfalls wenn man die Lachse ´zum Verzehr` verkaufen will. Bin mit Trompetenschall durchgefallen. War zu faul zum Lernen gewesen. Gewässerverordnungen und solcher Kram. Jetzt denke ich: Welch ein Glück. Wir hätten Tausende Euro und jede freie Stunde in das Projekt investiert. Wir hatten keine Ahnung von Vermarktung. Es wäre eine fulminante Pleite geworden. Damals habe ich mich schwarz geärgert. Jetzt bin ich geradezu glücklich darüber, dass es so gekommen ist.

Sieht man davon ab, dass ich auch mal gerne Lachs probiert hätte. Hier bekommt man immer nur ein Einheitsfutter.

Worauf ich hinauswill: Ich bin frei zur Freude über etwas,

worüber ich mich damals geärgert und übrigens auch geschämt habe.

Es ist, als ob das Wahre und Eigentliche sichtbar wird? Meinst du es so?

Ja. So. Vielleicht habe ich jetzt sogar eine Pflicht zur Wahrheit. Jedenfalls spüre ich, dass ich diese Freiheit zum Eigentlichen mit anderen Menschen teilen möchte.

Du kannst noch telefonieren.

Eben. Beispielsweise würde ich gerne die aufgeblasene Frau Sonderegger anrufen, um ihr zu sagen, dass ihre Tochter keineswegs eine so begnadete Geigern ist, wie sie ständig behauptet, dass vielmehr deren hilfloses Dahergeschrammel nur ausblendbar ist, wenn man eine Bohrmaschine in Betrieb setzt. Selbst durch das geschlossene Fenster dringt das gequälte Kreischen der Saiten, wenn das Mädchen drüben übt. Aber Frau Sonderegger sieht für ihre Marlene bereits eine leuchtende Karriere als Solo-Violinistin voraus. Ich muß ihr die Wahrheit sagen. Meine Freiheit ist auch eine Art Narrenfreiheit. Und Narrenpflicht.

Auf Kosten anderer?

Wieso? Gibt es nicht eine Pflicht, Wahrheit zu teilen mit Anderen?

Nur wenn die das wollen.

Das sagst du.

Frau Sonderegger liegt nicht im Sterben. Sie möchte möglicherweise an deiner Wahrheit überhaupt nicht teilhaben.

Spielverderber.

Nutze deine Freiheit lieber, das für dich Wesentliche mitzuteilen. Ob sich Frau Sonderegger einer Illusion hingibt oder nicht, ist nicht das für dich Wesentliche.

Dann ruf ich jetzt Frau Brosch an.

Wer ist Frau Brosch?

Frau Brosch ist die Verkäuferin in der Metzgerei, die mir

für dich immer zwei Stücke Lyoner-Wurst mitgibt.

Aha. Wenn du sie anrufst, richte ihr mein Dankeschön aus.

Ja, Dank. Darum geht es. Weißt du, was ich ihr verdanke? Was mir erst jetzt klar wird? Pass auf. Ich rufe sie an. Preindl nimmt das Telefon. Kann ich Frau Brosch sprechen? Preindl hier.

Wer ist da?

Preindl. Noch.

Wie?

Preindl. Ist aber auch egal. Ich bitte, Frau Brosch sprechen zu können.

Preindl hört, wie am anderen Ende der Leitung lange getuschelt wird. Es dauert, bis Frau Brosch ans Telefon kommt.

Ja, bitte?

Preindls inneres Auge ist, während er wartet, für einen langen Moment in Anspruch genommen von dem Anblick, den er im Metzgerladen immer hatte, wenn ihn Frau Brosch bediente. Er sieht wieder ihr Namensschild. Es ist ein polnischer Name, der aus sehr vielen Konsonanten und nur einem einzigen Vokal besteht und der jedenfalls nicht die Vermutung nahelegt, ein deutscher Muttersprachlicher könnte ihn irgendwie zusammenhängend aussprechen. Das geht offenbar allen im Laden so. Man sagt nur die erste Silbe ihres Namens: Frau Brosch. Selbst ihre Kolleginnen und auch ihre Chefin sprechen sie mit Frau Brosch an. Die Kunden auch. Frau Brosch hat unfassbar große Brüste, was dazu führt, dass keine ihrer Blusen der Aufgabe gewachsen ist, Frau Broschs Oberweite einigermaßen im Rahmen ihrer Privatsphäre zu halten. Jedes Mal, wenn Frau Brosch sich zur Seite dreht oder sich nach vorne beugt, springen die oberen zwei oder drei Knöpfe ihre Bluse auf. Alles drängt ins Freie. Es ist nicht irgendwie erotisch. Es ist das pralle Leben. Das Leben selbst. Sie knöpft bestimmt hundert Mal am Tag ihre Bluse zu.

Ja, bitte? ruft Frau Brosch noch einmal ins Telefon.

Ach, Frau Brosch. Da sind Sie ja. Preindl hier. Ich wollte mich bei Ihnen bedanken.

Was?

Ich möchte mich bei Ihnen bedanken dafür, dass Sie mit solcher Sorgfalt, solcher Freude an der Wursttheke bedienen.

Herr Preindl?

Ja, ja. Sie nehmen die Wurstscheiben immer einzeln mit der langen Gabel auf, respektvoll, mit Bedacht, als würden sie Blumen pflücken.

Herr Preindl?

Sie haben mir die Freude gezeigt darüber, dass es zu essen gibt. Verstehen Sie?

Nein.

Dankbarkeit. Einfach dafür, dass es Essen gibt.

Wo sind Sie?

Ich wünsche Ihnen weiterhin diese Freude, was sage ich, diese Andacht bei der Arbeit.

Also, ich weiß nicht …

Ich werde nicht mehr bei Ihnen einkaufen. Ich bin bald tot.

Herr Preindl? Mein Gott. Sie müssen mehr Wurst essen. Kann Ihre Frau nicht kommen?

Und Dank von Rudi soll ich ausrichten. Wegen der Lyoner-Stücke.

Herr Preindl!

Und entschuldigen Sie bitte, dass ich Ihren Namen nicht richtig aussprechen kann. Preindl legt auf.

Dass ich das erst jetzt feststelle, dass ich ihr dankbar bin.

Rudi sagt nichts mehr. Er ist eingeschlafen. Schnarcht, als sei er zufrieden.

Ein Verhandlungsversuch

Preindl, mit Rudi unterwegs, kommt an der Kirche vorbei. Hineingehen kann nicht schaden. Er bindet Rudi an dem großen eisernen Ring fest, der seitlich an der Kirche, kurz über dem Boden, in einem geschlossenen Haken einhängt.

Einige wenige Leute sitzen in den Bänken, einer im Seitenschiff. Es ist still. Sie beten wohl. Um was sollte er beten? Dass der Tumor sich auflöst? Dass er noch ein paar Monate dazu bekommt?

Beten und Bitten reichen nicht, denkt er. Man muß dem Mann etwas bieten. Und innerlich spricht er Gott an:

Wenn ich ab jetzt nur noch gesund esse, lässt du mich dann länger leben? Keine Pommes mehr, kein Fast Food. Kein fettes Fleisch.

- - -

Ich wäre auch bereit, überhaupt auf vegane Ernährung umzustellen: keinerlei Tierprodukte mehr, keine Milch also, keine Butter, keinen Käse, Fleisch sowieso nicht. Nur noch Gemüse, Nüsse und den Sojaaufstrich, den Katrin neulich gekauft hat, um ihn mal auszuprobieren.

- - -

Oder ich stelle ganz grundsätzlich auf vegan um: trage keine Wolle mehr, kein Leder …

- - -

Und wenn ich Rudi auch auf vegan umstelle? Köstliche Sonnenblumenkerne für ihn, Weizengrieße und sonst nur Getreide?

- - -

Preindl überlegt. Keine Antwort heißt wohl: Da musst du schon mehr bieten.

Wenn ich eine dicke Spende mache? 10.000 Euro für Waisenkinder in Afrika?

- - -

Vielleicht sollte ich überhaupt wieder in die Kirche eintreten. Ist es das, was du willst? Ich meine, ich habe kein Problem damit ...

- - -

Und dann eine Pilgerreise nach Rom?

- - -

Hast du denn kein Mitleid mit mir?

- - -

Ich habe Mitleid mit mir. Darf man als Todgeweihter kein Mitleid mit sich selbst haben? Nachts kann ich kaum noch schlafen, weil ich das Grübeln nicht lassen kann. Vielmehr lässt mich das Grübeln nicht los. Ich bin knapp fünfzig. Wäre es nicht auch für die Kinder, für Katrin besser, ich würde noch ein paar Jahre leben?

- - -

Ich habe meine Fehler erkannt in den letzten Wochen. Ich weiß, dass ich mich ändern, mich bessern kann.

- - -

Preindl sucht, was er Gott noch anbieten könnte.

Ich bin durchaus geneigt, meinen Körper der Wissenschaft zu vermachen.

- - -

Ich höre mit jeder Art Alkohol auf ...

- - -

Okay. Das war jetzt kein guter Vorschlag. Ich darf ohnehin nichts mehr trinken, seit ich die Antiepileptika einnehmen muß. Aber ...

Inzwischen sitzt Preindl alleine in der großen Kirche. Unvermittelt eine Stimme: Rudi wartet auf dich.

Preindl hebt den Kopf, traut sich aber nicht, sich umzusehen.

Auch Herr Tilbi lebt sich ins Sterben ein - nur anders

Wenn du im Internet stöberst nach Berichten über Sterben, autobiographischen, oder Berichten von Angehörigen, erhältst du sofort von Amazon eine Mail *Bücher – für Sie ausgewählt*. Zumeist werden tiefsinnige Aufzeichnungen zum Beispiel einer Tochter über den langsamen Tod oder auch den *Kampf gegen den Tod* ihrer Mutter angeboten, auch so launige Schriften wie *Als ich einmal starb* oder *Sterben für Anfänger*. Lässt du dich hinreißen, die Rezensionen zu lesen, bekommst du den Eindruck, Sterben sei etwas Heroisches, Monumentales, als würde Sterben auch den Normalbürger in eine irgendwie gewaltige Höhe heben. Preindl hat keine Lust, sich zum Zeugen solcher Überhöhungen zu machen.

Er stößt auf einen Blog eines Marek Tilbi. Der Blog heißt *Jetzt* und Marek Tilbi, keine 28 Jahre alt, setzt hier jeden Samstag die neuesten Nachrichten über seine Krebserkrankung rein. Es ist zu erfahren, dass er ein Pankreaskarzinom hat, schon zwei Mal operiert ist und nun unterstützende Chemotherapie erhält. Den Blog hat er vor acht Monaten begonnen, als er von der Diagnose erfuhr. Der Junge – Preindl denkt *der Junge*, weil der Mann ja sein Sohn sein könnte – ist hier geborenes Kind von Flüchtlingen aus dem Kosovo. Studiert Mathematik. Und zwar immer noch. Preindl liest sich mit einer gewissen Ungeduld in die Einträge ein. Beginnende Gelbsucht schon wenige Monate nach der Diagnose. Gewichtsverluste, jede Woche fast. Verdauungsbeschwerden. Seit kurzem Rückenschmerzen.

Seltsam objektiv alles. Arztberichte wurden eingescannt. Am Schluss jedes wöchentlichen Bulletins und auch nicht jedes Mal ein, zwei Sätze, wie er sich fühlt. Meistens offenbar mutig, zuversichtlich, will sich erkennbar nicht unterkriegen lassen. Manchmal scheint er nervös oder es ist ihm einfach hundeelend. Danach, im letzten Satz, wie er sterben wollen würde, wenn er jetzt sterben müsste, aus der diese Woche aktuellen Situation heraus. Da steht zum Beispiel:

Bisher kein Rezidiv. Zur Zeit kann ich alles essen, wenn es nicht zu ölig ist. Das Ende jetzt: mit Blick auf den Sonnenuntergang hoch oben über einem norwegischen Fjord, eine letzte Reise. Oder: Die beiden Ärzte haben gestern bedenkliche Gesichter gemacht nach dem MRT. Habe fast die ganze Woche nur auf der Toilette verbracht und Bauchkrämpfe gehabt. Jetzt unbedingt unter Freunden sterben, im Krankenhaus, alle sitzen um mich herum, auch meine Eltern sollen da sein. Dann wiederum: Wieder drei Kilo verloren. Konnte aber die ganze Woche zu den Vorlesungen gehen. Jetzt ein leiser Tod: Am besten Herzversagen, beim Mittagsschlaf.

Preindl interessiert sich vor allem dafür, warum dieser Junge das macht. Warum macht er sein Sterben öffentlich? Es kommt ihm zunächst exhibitionistisch vor, den wöchentlichen Befindlichkeitspegel ins Netz zu stellen. Andererseits ist der Ton sachlich, objektiv, nie klagend oder jammernd. Wer ist dieser Marek Tilbi? Preindl möchte ihn kennenlernen. In dem Blog selbst kann man keine Kommentare oder Fragen reinsetzen. Aber es gibt eine E-Mail-Adresse. Preindl schreibt Marek Tilbi an. Ob man mal telefonieren könnte. Zwei Wochen keine Antwort. Schließlich:

Da du auch ein Betroffener bist, gebe ich dir hier meine

Handynummer.

Preindl ruft sofort an. Marek Tilbi nimmt nicht ab. Vielleicht ist er in der Vorlesung oder er schläft oder es geht ihm nicht gut. Die Mailbox-Funktion ist abgeschaltet. Preindl versucht es noch zwei Mal. Am Abend erreicht er ihn: Warum machst du das? Den Blog, meine ich?

Tilbi: Du bist wohl nicht von dieser Generation? Aua. Er hätte auch sagen können: Du bist wohl nicht von dieser Welt? Oder gleich: Du bist wohl schon lange tot?

Ich bin knapp fünfzig. Wieso also ...? Sollen deine Freunde dir zusehen, zuhören, wie du vergehst?

Wenn sie es wollen. Einfach damit sie die Infos haben. So muß ich nicht jeden einzeln auf dem Laufenden halten.

Du machst dein Sterben öffentlich.

Im Gegenteil. Indem ich poste, schaffe ich mir einen privaten Schutzraum. So brauche ich mit meinen Kommilitonen zum Beispiel gar nicht darüber zu reden. Ich gebe die Infos und erspare mir damit auch überflüssige, neugierige Besuche.

Schreibst du alles rein? Ich meine, was dir durch den Kopf geht. Also, ist das, was du da reinschreibst, auch das, was dich bewegt?

Geht dich nichts an.

Jedenfalls lesen es ja auch Leute, die dich nicht kennen. Ist das nicht unangenehm?

Wieso? Da sie mich nicht kennen und ich sie nicht, kann mir das egal sein.

Ich mache übrigens auch Aufzeichnungen. Aber privat. Liegen in meiner Schublade zuhause.

Gleiche Frage: Wieso machst du das? Für wen?

Keine Ahnung. Erst dachte ich, für meine Kinder. Damit die das später einmal lesen. Aber inzwischen finde ich, das wäre eine Zumutung für sie.

Du bist jetzt schon eine Zumutung für sie, einfach indem du stirbst. Aber wahrscheinlich machst du die Aufzeichnungen eher für dich selbst, stimmt´s?

Ist wohl so. Vielleicht, um nicht zu vergessen. Also, um mich nicht zu verlieren. Ich habe einen Hirntumor, wie ich dir ja schon geschrieben hatte. Das bedeutet, irgendwann wird mein Ich anfangen zu torkeln, dann zu schweben, losgelöst von Zeit und Raum, wie ein Blatt, das der Wind aufs Meer getrieben hat. Wenn ich später meine Aufzeichnungen lese, kann ich mich an mir selbst festhalten.

Wie einst Münchhausen, nicht wahr? Du wirst vergessen, dass du nicht vergessen wolltest. Du wirst vergessen, dass es die Aufzeichnungen gibt. Du wirst sie gar nicht suchen.

Danke für die tröstlichen Worte.

Marek lacht. Melde dich, wenn du Lust hast.

In den nächsten Wochen reduzieren sich Mareks Einträge, verdichten sich immer mehr. Dies bis dahin, dass der wöchentliche Eintrag überhaupt nur noch aus einem Wort besteht. Offenbar aus dem Bedürfnis, sich nur noch auf das Wesentliche zu konzentrieren. *Zuversicht*, steht da zum Beispiel, oder *Berührung*. Primwörter, wie Wolfo sagen würde. Wörter, die nicht weiter zerlegbar sind. Wörter, die menschliche Urtatsachen formulieren.

Preindl ruft noch mal an. Marek meldet sich sofort.

Dank, sagt Preindl.

Und Marek: Angst.

Preindl zögert kurz, schämt sich für einen Moment über das Urwort, das er sagen möchte – zu kitschig? –, dann aber laut und deutlich *Bruder*.

Marek, nach einer Pause: Bis bald. Legt auf.

Keine Frage, wie er es meint.

Die Zustimmung

Preindl betritt ein Beerdigungsinstitut. Guten Tag. Ich werde bald sterben. Kann ich bei Ihnen meinen Sarg selbst gestalten?

Die junge Dame am Empfang sieht ihn aus großen Augen erst wortlos an. Sie braucht einige Augenblicke, bis sie versucht, ein paar Sätze zu formulieren. Unruhig blickt sie zwischen dem Prospekt ihres Hauses und Preindl hin und her. Sie blättert in dem Prospekt, auch wenn sie nicht hineinsieht. Schließlich gelingt ihr der Satz:

Unser Geschäftsführer ist im Moment nicht hier. Vielleicht können Sie später …

Entschuldigung. Preindl wollte sie nicht verunsichern. Natürlich, die junge Dame hat es in der Regel mit Angehörigen zu tun, dann auch mit Leichen, aber nicht mit Noch-Nicht-Toten. Preindl wollte nur in die Tat umsetzen, was ihm gestern zuteil geworden ist: die Zustimmung.

Gestern Abend war es. Im Circus. Ja, im Circus. Seltsamerweise. Oder nicht seltsamerweise. Preindl ist als kleiner Junge oft im Circus gewesen. Träumte davon, mit den Circusleuten durch die Welt zu ziehen.

Schon damals schien ihm der Circus die eigentliche, die wahre Welt zu sein, die zugleich noch eine andere, irgendwie höhere oder heilere Welt versprach. Seit Preindl krankgeschrieben ist, geht er wieder öfter in einen Circus. Und wie damals ist es sein Empfinden, dass Clowns die einzigen sind, die den Menschen wirklich ernst nehmen. Gestern Abend dann trat jener zarte Clown auf, wie vorsichtig fragend, nicht hereinpolternd, sondern scheu, ohne Worte, nur mit einem bunten Diabolo in den Händen, das er wie einen zärtlichen Schmetterling erst um seinen Kopf, seinen Körper, dann um einzelne Zuschauer herum fliegen ließ, ein Zauber, dem sich niemand hätte entziehen können. Keine derben Späße, kein dummer August, ein Poet der Sinnlichkeit. Oder ein Engel fast. Er brachte keine Botschaft – er war eine. Es wurde für Preindl der Moment der Wahrheit. Spiel um des Spieles willen. Leben um des Lebens willen. Nur Spiel. Nur Leben. Im Spiel zeigt sich, was ist. Wie aus einer warmen Quelle breitet sich in Preindl auf einmal die Gewissheit absoluter Übereinstimmung aus, mit sich, seinem Leben, seinem Sterben. Die Achterbahnfahrt zwischen Lebensdurst, Verzweiflung und trotziger Todesbereitschaft ist zuende. Es ist der Moment der Wahrheit. Der stillste und sicherste Moment seines Lebens. Preindl wusste in diesem Moment, dass er seinem Sterben zustimmen kann.

Alle Rollen sind jetzt abgelegt. Man will nichts mehr darstellen. Man muß nichts mehr darstellen. Man muß nicht mehr so tun, als täte man nicht so. Es ist der freieste Moment in deinem Leben, Preindl.

Im Circus also war es so weit. Es hätte vielleicht auch beim Auslauf mit Rudi sein können. Oder auf dem Sofa. Oder in der Kirche. Preindl geht neuerdings oft in eine Kirche, nicht in den Gottesdienst, sondern er setzt sich da einfach hin und lässt die Gedanken los. Er hat ja Zeit. Wenn man stirbt, hat man Zeit. Es hätte auch beim Abwasch über ihn kommen können. Aber jetzt ist es eben im Circus passiert. Das, was du dir zwar erringen musst, was du aber nicht erzwingen kannst. Es ist wie mit der Erleuchtung. Du musst sie dir einerseits über steinige Strecken erarbeiten. Ob du sie je erwischt, musst du andererseits loslassen. Dann erst kann sie kommen. Das eigene Sterben zu akzeptieren, muß erarbeitet sein. Das ist die Voraussetzung dafür, dass Zustimmung eintritt. Aber es gibt keine Garantie. Manche mögen ringen und ringen und erreichen sie nicht. Andere werden vielleicht von Angehörigen daran gehindert, bis zur Zustimmung vorzustoßen: Sie verlangen, dass du *kämpfst*, den Krebs *besiegst*, als ob es feige wäre, das eigene Sterben anzunehmen.

Nein, es muß erarbeitet werden. Verzweiflung, Wut, Depression und Zorn stellen sich von alleine ein. Zustimmung musst du dir erarbeiten. Auf dem Weg dahin musst du wohl auch verzweifelt sein, traurig, wütend, zornig, musst weinen. Wer weinen kann über sein nahes Ende, wird nicht durch Depression gelähmt werden.

Zustimmung heißt ja nicht, dass du sagst *Prima, dass ich bald sterbe*. Zustimmung enthält zuerst Dankbarkeit für das, was gewesen ist und möglich war. Zustimmung bringt eine unermessliche Beruhigung. Erst ab jetzt kannst du dein Sterben souverän, vollständig selbstbestimmt, in die Hand nehmen. Ab jetzt ist es vollständig *dein* Sterben. Nicht das der Medizin. Nicht das von wohlmeinenden Freunden, die dich unbedingt noch zu diesem und jenem Heilpraktiker schleppen wollen. Zustimmung ist unerschütterlich und unumkehrbar. Sie ist in sich souverän.

Preindl hat nach der Vorstellung Katrin davon erzählt. Sie weinte heftig. Dann haben sie zusammen geweint. Ein erlösendes Weinen. Katrin hat jetzt Teil an deiner Zustimmung, aber deine Zustimmung wäre nicht von ihr abhängig gewesen.

Zustimmung heißt auch nicht, dass man nicht gerne noch etwas länger gelebt hätte. Zustimmung beinhaltet ja die Liebe zum Leben. Aber in der Zustimmung weißt du auch, dass das *länger* nur ein Verschieben wäre. Wenn du noch ein Jahr, fünf Jahre zu leben hättest, würdest du in einem Jahr oder in fünf Jahren vor der gleichen Situation stehen und müsstest dir Zustimmung erringen.

Zustimmung heißt, dass du zuversichtlich in den Tod gehst. Du blickst nach vorne. Freilich spürst du in der Zustimmung auch die Möglichkeit der Versöhnung mit all den Unerlöstheiten, die übrig geblieben sind. Aber das Wesen der Zustimmung ist in die Zukunft gerichtet. Es ist eine zur Gewissheit gewordene Hoffnung. Sie erzählt dir davon, dass es richtig ist, richtig gemacht werden kann, Sinn haben kann, dass dein Leben so und jetzt zuende geht.

Sicher, wenn du alt bist, wenn dich so eine Diagnose, so ein Urteil trifft, mit 80 oder 90 Jahren, stellt sich Zustimmung wahrscheinlich eher ein. Zum einen hat man, mit 90 zum Beispiel, schon viele Abschiede genommen, nehmen müssen. Oder es gibt einen Überdruss. Es reicht dann auch mal. Besonders wenn du seit Jahren nur noch unter Schmerzen lebst oder mit Einschränkungen zurechtkommen musst. Du kommst die Treppe nicht mehr rauf, du siehst schlecht, dein Gehör hat sich schon weitgehend verabschiedet. Alles ist Mühe geworden.

Zum anderen gelangst du vielleicht einfach dadurch zur Zustimmung, dass du satt bist. Du hast genug gelebt. Du bist dankbar und erfüllt von deinem Leben. Du erwartest nichts mehr, nicht mehr die Erfüllung irgendwelcher Wünsche.

Als Katrin und er damals zusammenzogen, hatten sie eine kleine Wohnung in einem Mehrfamilienhaus. Im Dachgeschoss lebte eine uralte Frau. Fromm. Ihr Mann war schon vor 20 Jahren gestorben. Jeden Tag zündete sie eine Kerze für ihn an, betete für ihn. Sie hatte keine bestimmte Krankheit, wenig Beschwerden, sie kam zurecht. Aber je älter sie wurde, umso dringender wurde ihre Sehnsucht, zu ihrem Mann zu kommen. Sie wollte sterben. Ihre Zustimmung hatte sich schon längst eingestellt. Eines Tages, im Treppenhaus, sprach sie wieder mal über ihn, dort, und dass sie denke, er warte auf sie. *Warum darf ich nicht sterben?* sagte sie. *Was denken Sie, hat Christus mich vergessen?* Sie war traurig, nicht weil sie absehbar bald sterben würde, sondern weil sie nicht starb. Sie war ein sehr freier Mensch geworden, hatte Meinungen und Urteile längst abgelegt. Sie hatte immer ein erstaunliches Verständnis, ja Interesse für junge Leute. Sie war in jeder Hinsicht bereit. Sie wartete nur noch.

Preindl also will nun diese Zustimmung umsetzen in eine Tat. *Gestalte deinen Sarg selbst*, fällt ihm als erstes ein, noch gestern Abend. Erst beim dritten Beerdigungsinstitut – das sich aber gar nicht Beerdigungsinstitut nennt, sondern *Trauerraum* – wird er fündig. Man bietet hier Sarggestaltungsnachmittage an. Eigentlich für Angehörige. Dass ein Todeskandidat da mitmacht, *geht aber auch,* wie der Geschäftsführer sagt.

Es ist eine junge Kunsttherapeutin, die den Kurs durchführt. Die Begeisterung über ihr Angebot ist ihr in leuchtendem Rot auf die Wangen gemalt. Es nehmen nur fünf Leute teil. Eine ältere Dame, die einen Sarg für eine letzte Woche verstorbene, sehr alleinstehende Freundin gestalten möchte. Eine Frau mittleren Alters, der vor zwei Jahren der erste Ehemann und jetzt der zweite gestorben ist. Ein junges Ehepaar, das sein Kind durch einen Unfall verloren hat. Und Preindl.

Sarggestaltung, so werden die Teilnehmer unterrichtet, kann in Deutschland nur Sargbemalung heißen. In anderen Kulturen, in Ghana zum Beispiel, können die Angehörigen einen Sarg in Form einer Nußschale bauen, oder als Floß. Bei uns jedoch herrscht Ordnung auch unter der

Erde. Die ältere Dame möchte Polaroidfotos von gemeinsamen Urlauben auf den Sarg kleben. Geht nicht. Das Fotopapier enthalte Chemikalien, die nicht in die Erde gelangen dürfen. Das junge Ehepaar malt einen Engel auf die Sargseite, so dass es aussieht, als trage oder hole der Engel das Kind. Die Doppelwitwe malt Blumen auf den Sarg, über und über. Mit Pinsel. Alle wollen mit Pinsel malen, obwohl die Kunsttherapeutin das Airbrush-Verfahren anpreist. Sie scheint etwas frustriert, denn sie hat eine Menge Utensilien dafür vorbereitet.

Preindl will keine Blumen auf seinen Sarg malen. Obwohl er die Ausstrahlung gut findet: der Tod wird zum Blühen gebracht. Aber die Ausführung erscheint ihm etwas kitschig. Er entscheidet sich dafür, den Sarg als Barke zu bemalen. Er hat ein Bild im Kopf von einer braunschwarzen Barke, recht breit, vorne etwas hochgezogen. Keine Segel, nur eine Ruderstange. Die Kunsttherapeutin schlägt vor, die Barke noch mit Blumen zu schmücken. Will er aber nicht. Man einigt sich auf eine goldene Scheibe, die über der Barke schwebt.

Nach gut vier Stunden ist Preindl zufrieden. Die fette Rechnung, die er sogleich ausgehändigt bekommt, kann ihm auch nichts anhaben.

Wieder zuhause beginnt er, Bücher und CDs auszusortieren, stöbert in alten Urlaubsbildern, klebt erste Zettel auf die Möbel in seinem Zimmer.

Was machst du da?, fragt Katrin.

Ich löse meine Biographie auf.

Was soll der Quatsch? Du lebst noch.

Zustimmung, denkt Preindl, bedeutet wohl auch, dass man es nicht den Angehörigen überlassen muß, die Biographie des Verstorbenen aufzulösen. Ist es nicht der höchste Grad der Selbstbestimmung im Sterben, festzulegen, was von dir, deinem Leben übrig bleibt und wer es hüten soll? Preindl will selbst bestimmen, welche Bücher und CDs und Fotos weggeworfen werden können. Er packt sie in Kisten, wie vor einem Umzug. Schreibt drauf *weg*. Einige Bücher und CDs möchte er gerne Lara, Linus oder Katrin überlassen. Für jeden ist eine Kiste vorgesehen. *Lara, Linus, Katrin* steht da drauf. Preindl wird dann aber unsicher. Ist es vielleicht eine Zumutung, dass er festlegt, was sie behalten sollen? Also fragt er. Lara und Linus sind deutlich überfordert mit seinem Ansinnen und verweigern sich, ratlos zu ihrer Mutter blickend. Katrin lässt sich darauf ein. Gemeinsam gehen sie sein Hab und Gut durch. Natürlich kommen Erinnerungen auf, Momente großer Traurigkeit zwingen zu Pausen. Aber Katrin findet sich da gut rein. Sie sagt, was sie behalten, beziehungsweise übernehmen möchte, was nicht. Urlaubsfotos aus ihrer frühen gemeinsamen Zeit hat sie selbst. Die Kinder werden sich kaum dafür interessieren. Also weg damit. Mit Preindls alten Studien- und Fachbüchern kann auch niemand etwas anfangen. Weg damit. Preindl hat noch ein paar Fotos von früheren Freundinnen aus der Zeit vor Katrin. Katrin schmunzelt. Weg damit. Alte Fotos von Preindls Großeltern, in steifer Pose aufgenommen, wie das damals geboten war. Solche Fotos gibt man gerne von Generation zu Generation weiter. Ansehen tut sie niemand. Ob die Kinder sie wollen? Preindl wird sie fragen.

Überhaupt schreibt er noch mit seinem Edding hinter *Lara* und *Linus* ein dickes Fragezeichen auf die Kisten. Soll heißen *Nur, wenn ihr wollt*.

Sodann geht es an die Möbel in seinem Zimmer. Die Kinder werden kein Interesse daran haben. Sie erscheinen ihnen altmodisch. Haben sie schon gesagt. Katrin hätte gerne das Bistrotischchen mit den beiden Thonet-Stühlen.

Die Kommoden sollen weg. Sperrmüll. Preindl klebt ein Post-it darauf: Sperrmüll. Was ist mit der Wagenfeld-Lampe? Sie hat Preindl seit Studientagen begleitet. Er hatte sie damals als Leselampe für das Wohnzimmer gedacht. Aber Katrin konnte sich nie dafür erwärmen. Es bleibt offen, was mit der Wagenfeld-Lampe wird.

Katrin wird zunehmend kratzbürstig. Offenbar regt sich bei ihr so etwas wie Widerstand oder zumindest Zweifel über die Aktion.

Was ist?, fragt Preindl.

Du nimmst uns hier etwas, sagt sie. Dass du deine Biographie selbst auflösen möchtest, wie du das nennst, nimmt uns die Möglichkeit eines schrittweisen Abschieds. Es könnte doch für die Familie hilfreich sein, nach und nach, und auch nicht alles an einem Abend, – wobei sie Preindl etwas spitz ansieht, – deine Hinterlassenschaft zu sichten, zu ordnen, gegebenenfalls auch zu reduzieren und dann vielleicht zu verteilen.

Gut, Preindl versteht, dass er die Zustimmung etwas zu privat, zu isoliert gesehen hat. Zustimmung muß offenbar die Anderen mit einbeziehen, ihre Bedürfnisse und Möglichkeiten. Der Weg ist nicht zuende, Preindl. Wenn du eine Prüfung bestanden hast, kommt die nächste um die Ecke. Hast du etwas verstanden, erkennst du auch sogleich, was du noch nicht verstehst. Du hast Zustimmung erreicht, aber du darfst dich auch nicht einschließen in deiner neu gewonnenen Selbstbestimmung. Wenn du die Zustimmung erreicht hast, ist das offenbar noch nicht der Endpunkt.

Ein Fest

Katrin fällt auf, dass er in den letzten Tagen sehr in sich zurückgezogen ist.

Du bist sehr zurückgezogen, sagt sie.

Ich denke eigentlich nur an den vielen Blödsinn, den wir früher angestellt haben, mit Carlo und den anderen. Es war einfach lustig. Was so alles daneben gegangen ist ...

Lass uns ein Fest machen.

Oh, bitte. Kein Abschiedsfest.

Ein Fest mit deinen Freunden. Mit Carlo. Harry, Wolfo, Bertram, die andern. Kein Abschiedsfest. Eine Vergegenwärtigung.

Oha. Starkes Wort. Da muß ich ja verschärft nachdenken, ob ich dem gewachsen bin. – Während er das etwas ironisch sagt, hat er aber bereits eine Idee für so ein Fest.

Lass mich etwas vorbereiten, sagt sie. Wir kommen einfach zusammen, essen, trinken. Ich kümmere mich um Musik.

Bin nicht sicher, sagt Preindl, obwohl er die Idee jetzt schon gut findet.

Schlaf drüber.

Am nächsten Morgen dann: Gut. Können wir so machen. Ich bereite auch etwas vor.

Katrin wird garantiert die Sinti-Jazzer engagieren, die hier zwei Straßen weiter im Jazz-Keller öfter auftreten, Stochelo mit seiner schwarzen Geige, Babik am Cymbal und Fapy mit seiner Gitarre.

So wird es sein: Schon während die Freunde ankommen,

spielen die Drei ihren unvergleichlichen Manouche. Katrin hat ein Buffet zusammengestellt. Carlo ist da, Harry und Greta mit ihren Kindern, Lotte, Wolfo, alle. Man isst an den Stehtischen, erzählt. Erst ist die Stimmung etwas verhalten. *Kein Abschiedsfest*, hat Katrin zu allen gesagt bei der Einladung. Aber was dann? Alle sind etwas neugierig, einige auch vorsichtig.

Preindl hat Lara und Linus eingeweiht, Katrin nicht: Während alle mit Snacks und Fingerfood beschäftigt sind, stellen die Kinder die Stühle in der Diele in Reihen auf, so dass nur eine kleine Fläche als Bühne übrigbleibt. Da steht ein einziger Stuhl, zum Publikum gerichtet.

Die Kinder bitten die Gäste in die Diele. Nach und nach sitzen alle, es wird ruhig. Sie werden sich fragen, was passiert jetzt? Kommt jetzt eine Rede von Preindl, irgendetwas Tiefsinniges? Endgültiges? Nein. Preindl hat etwas anderes vorbereitet, Katrins gewichtiges Wort von der *Vergegenwärtigung* im Ohr.

Er hat sich umgezogen: kommt zögerlich, wie fragend auf die kleine Bühne, schleppt eine überdimensionale Einkaufstasche aus Lackpappe hinter sich her, die er hinter den Stuhl stellt. Er hat Opas uralten Anzug an, der ist etwas zu lang, darunter ein weiß-rosa gestreiftes Hemd mit aufgestelltem Kragen. Breite Hosenträger über einem zu großen Hemd. Auf die Nase geklemmt eine rote Schaumstoffknolle. Er setzt sich. Schaut. Schaut ins Publikum, scheint auf etwas zu warten. Nun fasst er Harry ins Auge, der in der zweiten Reihe sitzt, winkt ihm zu, schmunzelt. Preindl steht auf, holt aus der Tasche hinter ihm eine rote Schaumstoffknolle, wie er selbst eine auf der Nase hat, geht zu Harry hin.

Harry, erzähl noch mal die Geschichte von unserem Kinderchor. Dabei gibt er Harry die Knolle, die der sich nach kurzem Zögern aufsetzt. Preindl geht zurück zu seinem Stuhl, setzt sich, und Harry erzählt, wie er und Preindl damals als Mitglieder im Kinderchor ein anspruchsvolles Stück in der Kirche aufführen sollten. Der Chorleiter war bei den letzten Proben zunehmend genervt gewesen. Nicht nur Harry und Preindl, auch andere Kinder bekamen allmählich richtig Angst vor der Aufführung. Es klappte einfach nichts, schon die Einsätze nicht. Direkt vor der Aufführung – der Chor hatte sich aufgestellt, stolze Eltern, die ganze Kirchengemeinde saßen erwartungsvoll da – flüsterte der Chorleiter, während er schon die Hände hob zum Dirigieren: *Wer unsicher ist, kann erst mal still bleiben. Nur den Mund bewegen.* Er gab den Einsatz – und der gesamte Chor setzte an mit donnernder Stille.

Preindl und die Gäste hören Harry amüsiert zu. Preindl schmunzelt erst, bricht in Lachen aus. Es tut gut, wieder von Herzen lachen zu können. Das erste Mal seit dem Spruch vom *massiven Befund.* Alle lachen mit.

Danke, Harry, ruft Preindl, als es wieder ruhiger wird, und sieht wieder erwartungsvoll ins Publikum. Drüben im Esszimmer spielen Stochelo und seine Leute leise weiter. Nach einer Weile, in der Preindl einzelne Freunde gemustert hat, immer wieder schmunzelnd, weil er zu jedem eine amüsante Geschichte vor Augen hat, greift er wieder hinter sich, holt noch eine Knollennase hervor und geht auf Carlo zu:

Carlo, bitte die Geschichte von deinem Holzschuppen, gibt ihm die Knolle, geht rasch zu seinem Stuhl zurück und schaut erwartungsvoll zu Carlo. Der hat die Knolle auf seine Nase geklemmt und erzählt, wie sie vor fünf Jahren zusammen in Carlos Garten einen Schuppen für die Gartengeräte gebaut haben. Nach langen Diskussionen und Berechnungen hat man die Vierkanthölzer und

die Bohlenbretter gesägt, alles zusammengeschraubt. Am Abend stand das Werk. Carlo wollte noch einen letzten Nagel im Inneren einschlagen, an den er künftig seine Gartenschürze aufzuhängen gedachte. Beim ersten Hammerschlag krachte dann das ganze Bauwerk in sich zusammen. Sie haben sich kaputt gelacht. Beti kam erschrocken aus dem Haus gerannt. Sie weinte vor Schreck. Kurioserweise ragten aus den Trümmern zwei Bierflaschen und der Wachholderschnaps unbeschädigt hervor. Carlo hatte sie in einer Ecke des fast fertigen Schuppens gestellt für den Abend, zum Feiern. Beti war dann die erste, die zum Schnaps eilte und sich einen kräftigen Schluck nahm.
Beti ruft ins allgemeine Gelächter:

Das war mein erster und letzter Schnaps, ehrlich.

Kann jeder sagen, ruft Katrin, und, zu Beti: Wir beide genehmigen uns nachher einen.

Als nächstes geht Preindl mit einer Knolle in der Hand zu Katrin.

Katrin, sagt er, Travemünde.

Katrin braucht einen Moment, bis die Knolle richtig sitzt.

Preindl geht zu seinem Stuhl zurück und lacht schon im Voraus. Katrin erzählt nun, wie sie auf der Fahrt nach Schweden Zwischenstopp in Travemünde geplant und für eine Nacht eine Ferienwohnung gebucht hatten. Als sie dort ankamen, schien es ein Missverständnis zu sein. Der Vermieter der Ferienwohnung nebenan kam heraus und meinte, wir hätten doch seine Wohnung gebucht. Wir waren unsicher, ob wir vielleicht die falsche Hausnummer aufgeschrieben hatten. Jetzt kam auch der Vermieter der Ferienwohnung, die wir meinten gebucht zu haben. Die beiden Besitzer kamen gleich mächtig in Streit darüber, bei wem wir nun übernachten sollten. Wir waren eigentlich nur noch Zuschauer. Irgendwann holte Katrin die Schlafsäcke aus dem Auto, den Proviant und breitete alles auf der Wiese zwischen den beiden Häusern aus, während die beiden Vermieter sich nur noch übelst beschimpften. – Es war eine laue Sommernacht. Die Vermieter waren, ohne uns noch mal anzusprechen, in ihren Häusern verschwunden. Beim Einschlafen sagte Linus noch:

Und wenn ich heut Nacht pinkeln muß? Wo klingle ich dann?

An der Hecke dort drüben, antwortete Katrin. Wir schliefen gut da, unter dem freien Himmel, mit dem dezenten Meeresrauschen im Ohr.

Einigen Gästen fallen andere Geschichten mit verbohrten Eigentümern von Ferienwohnungen ein.
Schließlich ruft Lara, schüchtern und mutig zugleich:

Ich will auch mal die rote Nase.

Preindl greift eine weitere aus der Einkaufstasche und bringt sie zu Lara. Nun erzählt Lara, dass sie einmal, richtig in Wut, weil ihr heute auf der Geige überhaupt nichts gelang, den Geigenbogen so heftig auf den Notenständer schlug, dass er zerbrach. Dass sie Angst hatte, wir würden sie ausschimpfen, und schließlich auf die Idee kam, den Bogen mit Uhu zusammenzukleben …

Als alle lachen, Preindl auch, sagt Lara: Damals hast du übrigens nicht gelacht, Papa.

Deshalb ist es gut, dass ich die Geschichte jetzt höre, Lara. So kann ich wenigstes heute darüber lachen.

Preindl reicht Wolfo, der direkt vor ihm sitzt, eine weitere Nasenknolle.

Unsere Spaziergänge, Wolfo.

Waren die lustig?

Schön waren sie.

Wolfo erzählt von den gemeinsamen Spaziergängen im Wald. Wie die beiden im Gehen zusammen Gedichte verfasst haben, jeder den anderen inspirierend. Melancholische Gedichte.

Eines ging so: `Blätter fallen jetzt und reißen uns die Haut vom Leibe. In kahlen Ästen …´

`… verfängt Stille sich …´, setzt Preindl ein. Aber mehr weiß ich nicht mehr.

Beifall von den Gästen.

Wir wussten gar nicht, dass du auch ein Dichter warst, ruft Lotte. Gleichzeitig wirft sie ihre Hand erschrocken an den Mund. Sofortige Ruhe im Raum. Eine Explosion von Stille. Jedem ist klar: *warst*, hat sie gesagt. Als ob er schon tot wäre. Preindl schmunzelt, greift nach einer weiteren Knolle, gibt sie Lotte und sagt: Kinder und Narren …

Lotte ist ihr Missgeschick schrecklich peinlich. Sie fasst sich aber, setzt sich die Knolle auf die Nase und sagt zu Preindl, der neben ihr steht:

Gut, wenn ich die Wahrheit sagen soll: Wir werden dich unendlich vermissen. Und immer mit Freude an dich denken. Dabei sieht sie sich auffordernd um. Alle klatschen. Lange. Sie stehen auf. Standing Ovations für Preindl.

Und noch eine Wahrheit ist, ruft er dazwischen, dass ihr die besten Freunde der Welt seid. Er gibt Linus ein Zeichen. Linus holt aus dem Keller einen großen Eimer mit Rosen. Preindl übergibt nun jedem der Reihe nach eine Rose. Als er bei Katrin ankommt, zieht er aus dem Eimer einen kleinen Rosenstrauch und legt ihn ihr auf den Schoß.

Den pflanze ich an deinem Lieblingsplatz im Garten ein, flüstert sie ihm zu. Sie umarmen sich.

Preindl geht zu seinem Stuhl, zögert. Hinsetzen? Etwas noch sagen? Auch spürt er jetzt sein Herz klopfen. Anschwellend. Hat er zuvor nicht gehabt. Auch die Gäste scheinen jetzt etwas ratlos. Es ist eine gute, herzliche Stimmung im Raum, aber auch die Frage: Was jetzt?

Katrin: Warum nicht jetzt?, sagt sie laut.

Preindl, Katrin, die Kinder und alle Gäste gehen in den Garten. Stochelo mit seinen Leuten hinterher. Linus holt den Spaten aus dem Schuppen. Unter Beifall und Musik pflanzen Preindl und Katrin den Rosenbusch da ein, wo Preindl abends gerne sitzt: An der Hecke, unter dem alten Apfelbaum, ein Bier, eine Zigarette.

Dank

Die guten Geister, die die Entstehung dieses Buches begleitet haben, sind meine Frau, Helga Köster-Wais, und Ulrich Meier, die beide ihre einschlägigen beruflichen Erfahrungen eingebracht und mich ermutigt haben; ebenso Wolfgang Christian Schneider, Wortwerker, der das Manuskript kritisch durchgesehen und erhellende Hinweise gegeben hat.

Ihnen möchte ich auch an dieser Stelle herzlich danken, sowie dem Journalisten Eddi Laumanns, der das Cover-Foto zur Verfügung gestellt und aufbereitet hat. Ein besonderer Dank geht an Roswitha von dem Borne für ihr Buch *Der Clown*, das mich über viele Jahre begleitet und inspiriert hat, so auch bei diesem Buch.

Am Palmsonntag 2015

Mathias Wais

Weitere Titel von Mathias Wais beim Gesundheitspflege-Verlag:

Sinn und Unsinn der Ehe heute
Ein kleiner Juwel unter den zahllosen Beziehungs-Ratgebern und das vielleicht weltweit dünnste Büchlein dieses Genres. In seiner faszinierend knappen und wesentlichen Form, trägt es schon länger erfolgreich zur Entmystifizierung der Ehe bei. Warum also mehr lesen, wenn man ein unerschöpfliches Thema auch pointiert, humorvoll und gleichzeitig sehr tiefgründig aufbereitet haben kann? *Nicht nur aufgrund seines Umfangs auch für Männer geeignet.*
6. Neuauflage | Esslingen 2015 | ISBN 978-3-932161-08-7

"Erzähl mir von der Zukunft, Opa"
Über Möglichkeiten, Unmöglichkeiten und Überraschungen des Alters
Wie wird mein Leben im Alter aussehen? Vielfach neigen wir dazu, unsere biographische Entwicklung von heute an nur linear in die Zukunft fortzudenken. Diese Vorstellung lässt jedoch gewisse Freiheitsmomente – die sich mit fortschreitendem Alter erst noch ergeben werden – unberücksichtigt. Wie sensibilisieren wir uns für die stetig wachsenden Möglichkeiten, aber auch die Unwägbarkeiten des Alters?
In diesem Buch werden – zu zwölf ganz unterschiedlichen Lebensgeschichten – jeweils drei mögliche Zukunftsentwürfe für das Alter dargestellt. In der Spannbreite dieser Möglichkeiten leuchtet auf, dass das Alter eine spannende, lohnenswerte Lebensphase sein kann, die an Intensität früherer Phasen in nichts nachsteht. Im Gegenteil: das Gewahr werden gewisser Freiheiten regt an, – bei allen auch zu erwartenden Einschränkungen – mit Enthusiasmus und Offenheit den künftigen Räumen entgegen zu leben.
Ein Buch, das konstruktiv beunruhigt.
Esslingen 2014 | ISBN 978-3-932161-82-7

Das Ich findet sich, wenn es sich loslässt
Über den roten Faden im Lebenslauf
Was unterscheidet Schicksal von Zufall? Wie passen Freiheit und Schicksal zusammen? Kann man sein Schicksal auch verpassen? Weshalb entsteht Ehe bzw. das Soziale gerade da, wo es zwischenmenschlich nicht klappt? Was charakterisiert einen roten Faden? – Wo ist er zu finden, und wo nicht? Wie greift man ihn zukunftsorientiert auf? Inwiefern sind wir das, was wir noch nicht sind? Was kennzeichnet die Paradoxie unseres Ichs? Weshalb sollten wir die Sehnsucht nach der Eindeutigkeit unserer Persönlichkeit besser loslassen?
2. Auflage | Esslingen 2014 | ISBN 978-3-932161-71-1

Dialogisch erziehen
Beziehung und Methode in der Erziehungspraxis
Dieses Buch kann den Erziehungsalltag von Grund auf verändern. Es befreit von – oft belastenden – Mythen, was Erziehung leisten kann und soll. Gleichzeitig vermittelt es konkrete Anregungen, wie Kinder als Persönlichkeiten – mit ihren individuellen Sichtweisen, ihrem Erleben und Wollen – auf fruchtbare Weise ernst genommen und damit nachhaltig gefördert werden können. *Ein entlastendes, einleuchtendes und Hoffnung stiftendes Buch! Esslingen 2011 | ISBN 978-3-932161-78-0*

Wie werden aus Jungs richtige Männer
.... und wer ist dafür eigentlich zuständig?
Wie werden aus Jungs richtige Männer und wer ist dafür zuständig? Was ist für Männer schon ab dem Kindesalter besonders wichtig? Wie fühlt sich die Welt für einen Jungen an? Welche herausragende Bedeutung hat Scham im Leben von Jungen? Was würden Väter anders machen, wenn sie dürften? (*mit Ulrich Meier und Claudia Grah-Wittich*)
Esslingen 2011 | ISBN 978-3-932161-75-9

Weitere Titel von Mathias Wais beim Gesundheitspflege-Verlag:

Sexueller Missbrauch
Symptome, Prävention, Vorgehen bei Verdacht
Wo beginnt sexueller Missbrauch? Wie kann durch Erziehung dem Missbrauch vorgebeugt werden? Woran erkennt man ein Missbrauchsopfer? Wie geht man mit einem Verdacht um? Ist sexueller Missbrauch *Karma*?
Die öffentliche Meinungsbildung zum Thema Missbrauch ist stark beinflusst durch eine sensationsheischende Berichterstattung in den Medien, welche lediglich das erlebte Grauen erneut ausbreitet, ohne sinnvolle Perspektiven aufzuzeigen.
Um so wichtiger dieses Buch, dessen Inhalt heute zur Allgemeinbildung gehören sollte.
2. Auflage | Esslingen 2011 | ISBN 978-3-932161-26-1

Die Kraft der Krise
Männliche und weibliche Potenziale sich neu zu (er-)finden
mit Michaela Glöckler | Esslingen 2010 | ISBN 978-3-932161-70-4

Das Kind ist der Zukunft näher als der Erwachsene
Esslingen 2000 | ISBN 978-3-932161-32-2

Karma und Begegnung
Ihr/e Partner/in hat *ihr/sein Karma* getroffen?
Dann sollten Sie dieses Büchlein lesen!
Esslingen 1999 | ISBN 978-3-932161-31-5

Entwicklung zur Sexualität
Begleitende Erziehung und Aufklärung
Esslingen 1997 | ISBN 978-3-932161-12-4

Besuchen Sie auch unseren E-Shop: www.gesundheitspflege.de

... mehr Kompetenz in Gesundheitsfragen